Generative Adversariale Netzwerke in der IT-Sicherheit. Nutzungspotenziale und Herausforderungen bei der Erkennung von Schadsoftware

Alexander Jäger

Bibliografische Information der Deutschen Nationalbibliothek:

Die Deutsche Nationalbibliothek verzeichnet diese Publikation in der
Deutschen Nationalbibliografie; detaillierte bibliografische Daten sind
im Internet über http://dnb.d-nb.de abrufbar.

ISBN: 9783346878311
Dieses Buch ist auch als E-Book erhältlich.

Das Buch bei GRIN: https://www.grin.com/document/1354119

Academic Plus – Aktuell, relevant, hochwertig

Mit Academic Plus bietet GRIN ein eigenes Imprint für herausragende Abschlussarbeiten aus verschiedenen Fachbereichen. Alle Titel werden von der GRIN-Redaktion geprüft und ausgewählt.

Unsere Autor:innen greifen in ihren Publikationen aktuelle Themen und Fragestellungen auf, die im Mittelpunkt gesellschaftlicher Diskussionen stehen. Sie liefern fundierte Informationen, präzise Analysen und konkrete Lösungsvorschläge für Wissenschaft und Forschung.

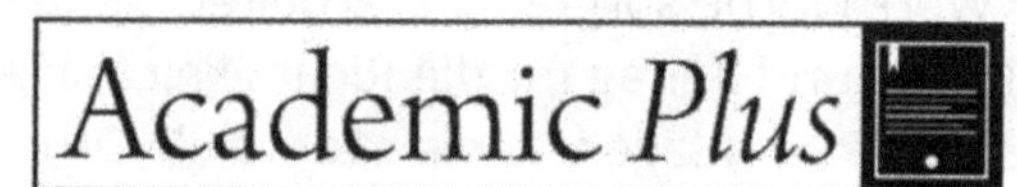

Fachbereich Informatik

Bachelorarbeit

im Studiengang Informatik (B. Sc.)

zur Erlangung des akademischen Grades
Bachelor of Science

Thema: Generative Adversariale Netzwerke in der IT-Sicherheit: Nutzungspotenziale und Herausforderungen bei der Erkennung von Schadsoftware

Autor: Alexander Jäger

Abgabetermin: 28. Februar 2023

Zusammenfassung

In dieser Arbeit wird der mögliche Einfluss einer Anwendung von Generativen Adversarialen Netzwerken (GANs) auf Entwicklungen und Strategien im Kontext der Erkennung von Schadsoftware untersucht. Diese generativen Modelle aus dem Bereich des Maschinellen Lernens (ML) sind in der Lage, anhand eines gegebenen Trainingsdatensatzes neue Datenbeispiele mit den gleichen Merkmalen der zugrundeliegenden Trainingsdaten zu synthetisieren. Das Untersuchungsziel orientierte sich an der Beantwortung der folgenden Forschungsfrage: *Inwieweit hat der Einsatz von GANs Einfluss auf die Entwicklung von Systemen und Strategien, die zur Erkennung von Schadsoftware genutzt werden?* Dabei wurden sowohl offensive als auch defensive Anwendungsmöglichkeiten von GANs sowie mögliche Nutzungspotenziale und Herausforderungen betrachtet. Zur Beantwortung der Forschungsfrage wurde eine qualitative Befragung von Experten durchgeführt, die aufgrund ihrer Fachexpertise den Untersuchungsgegenstand einordneten. Die Auswertung dieser Expertenbefragungen zeigte, dass die Anforderungen von Schadsoftware-Erkennungssystemen und die derzeit bestehenden technischen Einschränkungen von GANs deren Einfluss auf Entwicklungen und Strategien stark begrenzen. Hier werden weitere Fortschritte in der Forschung nötig sein, um bestehende Potenziale besser nutzen und Herausforderungen bewältigen zu können. Dennoch konnten Konzepte aufgezeigt werden, die eine Verwendung von GANs bei der Schadsoftware-Erkennung beinhalten.

Danksagungen

Meinen Dank möchte ich dem Bundesamt für Sicherheit in der Informationstechnik für die Betreuung und Hilfestellungen bei der Anfertigung dieser Arbeit aussprechen, insbesondere gegenüber Herrn Jan Ibisch aus dem Referat TK 24 (Sicherheit in der Künstlichen Intelligenz), der mit seinen Anmerkungen und Hinweisen wesentlich zu der vorliegenden Fassung der Arbeit beitrug.

Weiterhin gilt mein Dank den befragten Experten, die mit ihren Ausführungen einen Erkenntnisgewinn zum Untersuchungsgegenstand überhaupt erst ermöglicht haben.

Inhaltsverzeichnis

Inhaltsverzeichnis

1. Einleitung

1.1. Problemstellung

Die durch Cyberkriminalität jährlich entstehenden wirtschaftlichen Schäden werden bis zum Jahr 2025 weltweit auf mehr als 10,5 Billionen US-Dollar anwachsen (vgl. Morgan 2020). Aktuell registriert das AV-Test Institut jeden Tag mehrere hunderttausend neue Schadprogramme (vgl. AV-TEST-GmbH 2022a), deren Gesamtmenge im Dezember 2022 erstmals bei über einer Milliarde verschiedener Dateien lag, davon 100 Millionen allein im Jahr 2022 (vgl. AV-TEST-GmbH 2022b).

Die Quantität neuer, bisher unbekannter Varianten von Schadsoftware, mit der die digitale Welt täglich konfrontiert wird, macht den Einsatz von Verfahren zu deren automatisierten Erkennung und Klassifizierung notwendig. Aus diesem Grund bilden verschiedene Anwendungen des ML den Kern moderner Sicherheitslösungen, beispielsweise bei der Analyse von Netzwerkdaten und der Verhaltensüberwachung von Programmen (vgl. Jagsir Singh und Jaswinder Singh 2021, S. 3). Trotz der Vorteile, die ML im Bereich der IT-Sicherheit bietet, hat sich gezeigt, dass diese Verfahren durch manipulierte Eingabedaten zu einer Fehlentscheidung verleitet werden können (vgl. Sikos 2019, S. 67). Somit besteht die Möglichkeit, Schadprogramme durch Veränderung ihrer Merkmale derart zu verschleiern, dass diese fälschlicherweise als gutartig klassifiziert werden und Sicherheitssysteme umgehen können (vgl. Jagsir Singh und Jaswinder Singh 2021, S. 6). Eine Methode, mit der aus einem einzigen Schadprogramm eine Vielzahl solcher verschleierten Varianten erstellt werden kann, ist die Verwendung von GANs (vgl. Aryal, Gupta und Abdelsalam 2021, S. 25). Dabei handelt es sich um zwei in Konkurrenz zueinander stehende künstliche neuronale Netze (KNNs), mit denen synthetische Daten generiert werden können, die im Idealfall nicht von originalen Daten unterschieden werden können (vgl. I. J. Goodfellow, Pouget-Abadie u. a. 2014, S. 1). Ein mit diesem

Verfahren gewonnener Datensatz aus künstlich erzeugter Schadsoftware kann zur Umgehung eines Schadsoftware-Detektors verwendet werden (vgl. Chenna 2022, S. 1). Gleichwohl bietet die Verwendung von GANs zur Synthese von Schadsoftware für Hersteller von Sicherheitslösungen die Möglichkeit, ihre Produkte gegenüber Umgehungsversuchen widerstandsfähiger zu machen, indem der zum Training von Schadsoftware-Detektoren verwendete Datensatz erweitert wird (vgl. Cai u. a. 2021, S. 23). In den letzten Jahren wurden sowohl offensive als auch defensive Anwendungsszenarien von GANs anhand verschiedener Implementierungen untersucht, jedoch handelt es sich hierbei weiterhin um ein offenes Forschungsfeld (vgl. Aryal, Gupta und Abdelsalam 2021, S. 39). Aktuell gibt es keinen Sachstand darüber, inwieweit GANs in Schadsoftware-Erkennungssystemen implementiert sind oder ob diese mit durch GANs erstellten Datensätzen trainiert werden. Weiterhin ist nicht bekannt, ob sich mithilfe von GANs erzeugte Schadprogramme im Umlauf befinden und wie hoch das generelle Nutzungs- und Bedrohungspotenzial hinsichtlich der Erkennung von Schadsoftware durch diese Technologie ist oder für die Zukunft eingeschätzt wird.

1.2. Forschungsfrage und Zielsetzung

Aufgrund der Tatsache, dass es sich beim dargestellten Sachverhalt um ein recht neues Forschungsfeld handelt und gegensätzliche Betrachtungsweisen bezüglich des Einsatzes von GANs bei der Schadsoftware-Erkennung existieren, ergibt sich die nachfolgende Forschungsfrage:

Inwieweit hat der Einsatz von GANs Einfluss auf die Entwicklung von Systemen und Strategien, die zur Erkennung von Schadsoftware genutzt werden?

Und daraus abgeleitet:

Welche Nutzungspotenziale und Herausforderungen ergeben sich hieraus?

Ziel dieser Bachelorarbeit ist es, anhand von Expertenbefragungen eine Einschätzung über die Quantität und Qualität der Nutzung von GAN-basierten Verfahren hinsichtlich der Erkennung von Schadsoftware zu erarbeiten. Dabei sollen sowohl Verfahren zur Verbesserung als auch zur Umgehung von entsprechenden Sicherheitsmaßnahmen thematisiert und eine potentielle zukünftige Einflussnahme auf die IT-Sicherheit untersucht werden. Die hieraus gewonnen Ergebnisse werden anschließend ausgewertet und diskutiert, um einen Überblick zum Untersuchungsgegenstand zu schaffen, auf dessen Grundlage Interpretationen für eine zukünftige Nutzung von GANs sowie neue Sichtweisen und Motivationen zur tiefgreifenderen Forschung ableiten werden sollen.

1.3. Abgrenzung

Die vorliegende Arbeit thematisiert GAN-basierte Verfahren zur Umgehung beziehungsweise Verbesserung von Schadsoftware-Erkennungssystemen. Auf die Möglichkeiten der Kompromittierung von Daten, die während der Trainingsphase eines ML-Modells eingesetzt werden, wird hierbei nicht eingegangen, da ein solcher Angriff als unwahrscheinlich angesehen wird (vgl. Aryal, Gupta und Abdelsalam 2021, S. 2). Zudem erfolgt keine Betrachtung der entsprechenden Erkennungssysteme im Verbund mit anderen Sicherheitslösungen oder eine Implementierung eines vorgestellten Verfahrens.

1.4. Aufbau der Arbeit

Im theoretischen Teil werden zunächst die Taxonomie und der allgemeine Aufbau von Schadsoftware sowie etablierte Verfahren zu deren Erkennung und Verschleierung dargestellt. Anschließend wird ein Überblick zu ML-basierenden Systemen zur Schadsoftware-Erkennung und deren Umgehung vermittelt. Im letzten Abschnitt des Theorieteils erfolgt eine Einführung zu KNNs und darauf aufbauend zu GANs als Grundlage für die im weiteren Verlauf der Arbeit verwendeten Begrifflichkeiten. Das sich anschließende Kapitel zur Methodik spezifiziert die wissenschaftliche Vorgehensweise bei der Bearbeitung des Forschungsgegenstandes. Daraufhin folgt eine Zusammenstellung zum aktuellen Stand der Technik von offensiven und defensiven Anwendungen von GANs, die sich auf die Umgehung von Schadsoftware-Detektoren beziehungsweise Erkennung von Schadprogrammen beziehen. Die Erarbeitung des aktuellen Forschungsstandes wird das Ergebnis einer Literaturrecherche zu allen verfügbaren wissenschaftlichen Artikeln sein, deren Umfang unter Berücksichtigung des thematischen Bezugs eingegrenzt wurde. Auf Grundlage dessen sollen Einschätzungen von Experten dazu beitragen, das gewonnene Lagebild einzuordnen, um daraus Potenziale und Problematiken ableiten zu können. Hierfür erfolgt mithilfe von Expertenbefragungen eine Datenerhebung, deren abschließende Evaluierung schließlich die Forschungsfrage beantworten und zu einem Ausblick hinsichtlich weiterer Entwicklungen führen soll.

2. Theoretische Grundlagen

2.1. Schadsoftware

Zunächst wird der Begriff Schadsoftware eingeführt und ein generischer Aufbau skizziert. Weiterhin erfolgt eine Übersicht zu etablierten Erkennungsverfahren und der Verschleierung von Schadprogrammen.

2.1.1. Taxonomie und Aufbau von Schadsoftware

Der Begriff Schadsoftware (engl. malware, Kurzform für „malicious software", schädliche Software) bezeichnet ein Programm, das mit dem Ziel entwickelt wird, „Daten zu zerstören, destruktive oder aufdringliche Programme auszuführen oder auf andere Weise die Vertraulichkeit, Integrität oder Verfügbarkeit der Daten, Anwendungen oder des Betriebssystems des Opfers zu gefährden" (übersetzt aus Souppaya und Scarfone 2013, S. 2). Dabei wird allgemein zwischen folgenden Schadsoftware-Klassen unterschieden (vgl. BSI 2018, S. 13):

- Viren
- Trojanische Pferde
- Bots und Botnetze
- Würmer
- Rootkits
- Ransomware
- Spyware
- Backdoors

2. *Theoretische Grundlagen*

Moderne Varianten von Schadsoftware sind modular aufgebaut, können dynamisch angepasst werden und besitzen unterschiedliche Funktionalitäten (vgl. BSI 2018, S. 13). Der generische, klassenunabhängige Aufbau von Schadprogrammen umfasst laut Mohanta und Sadanha einige wenige Hauptkomponenten und Funktionen, die nachfolgend näher erläutert werden (vgl. Mohanta und Saldanha 2020, S. 166 ff.).

Packer Ein Packer ist ein Programm, das die Nutzdaten einer ausführbaren Datei komprimiert und zu einer neuen Datei mit veränderter Signatur packt. Dadurch soll eine Erkennung durch statische Analyseverfahren verhindert oder erschwert werden, da hierfür zunächst eine vollständige Dekomprimierung der gepackten Datei notwendig wird (vgl. Sun u. a. 2010, S. 372).

Nutzdaten Die Nutzdaten sind die wichtigste Komponente von Schadsoftware. Sie stellen die nachfolgend beschriebenen Funktionen bereit, welche die Absichten eines Angreifers umsetzen. Anhand ihrer Nutzdaten werden Schadprogramme klassifiziert (vgl. Mohanta und Saldanha 2020, S. 166).

Persistenz Mit den Funktionen zur Persistenz von Schadprogrammen soll erreicht werden, dass diese nach einem Neustart des betroffenen Betriebssystems wieder ausgeführt werden. (vgl. Gittins und Soltys 2020, S. 88).

Kommunikation Die meisten Schadprogramme sollen nach deren erfolgreichen Verteilung mit dem Angreifer kommunizieren können, um beispielsweise gestohlene Daten zu empfangen oder Befehle ausführen zu können. Die Kommunikation wird über ein Command-and-Control-System gewährleistet (vgl. Gardiner, Cova und Nagaraja 2014, S. 3).

Verbreitung Je nach Verwendungszweck beinhaltet Schadsoftware Funktionen, die eine Ausbreitung auf weitere Geräte ermöglichen, um beispielsweise eine höhere Opferzahl zu erzielen oder um zu einem Zielsystem zu gelangen, das sich an einer anderen Stelle im Netzwerk befindet (vgl. Mohanta und Saldanha 2020, S. 169).

Selbstschutz Schadsoftware soll aus Sicht des Angreifers weder als solche iden-
tifiziert, noch analysiert werden können. Dazu werden Funktionen implementiert, mit denen eine Analyseumgebung erkannt werden soll, innerhalb
der die Schadsoftware ihr schadhaftes Verhalten temporär pausiert (vgl. Mohanta und Saldanha 2020, S. 169 f.).

Verschleierung Um nicht durch Nutzer eines infizierten Systems oder Antivi-
renprogramme entdeckt zu werden, bedient sich Schadsoftware einfachen
Techniken wie dem Ändern von Dateieigenschaften, bis hin zu komplexeren
Techniken wie dem Infizieren anderer gutartiger Programme auf dem System
(vgl. Mohanta und Saldanha 2020, S. 170).

2.1.2. Erkennung von Schadsoftware

„Die Erkennung von Schadsoftware bezieht sich auf den Prozess, das Vorhandensein von Schadprogrammen auf einem System zu erkennen oder zu unterscheiden,
ob ein bestimmtes Programm schadhaft oder gutartig ist" (übersetzt aus Katzenbeisser, Kinder und Veith 2011, S. 752).

Schadsoftware-Detektor

Als Schadsoftware-Detektor wird ein Programm bezeichnet, das schadhafte Anwendungen und Funktionen identifizieren soll (vgl. Tahir 2018, S. 24). Die allgemeine Funktion D eines solchen Detektors kann wie folgt beschrieben werden
(vgl. Saeed, Selamat und Abuagoub 2013, S. 27):

$$D(P) = \begin{cases} \text{schadhaft, wenn } P \text{ Schadcode enthält} \\ \text{gutartig, wenn } P \text{ keinen Schadcode enthält} \\ \text{unentscheidbar, wenn } P \text{ durch } D \text{ nicht bestimmt werden kann} \end{cases}$$

Die Funktion D des Detektors überprüft eine Anwendung oder ein Programm P, um entscheiden zu können, ob es sich um ein normales Programm oder ein Schadprogramm handelt (vgl. Vinod u. a. 2009, S. 75). Der Detektor kann in ungünstigen Fällen je nach Effizienz der Funktion D falsch-positive, falsch-negative oder unentscheidbare Ergebnissen liefern (vgl. Saeed, Selamat und Abuagoub 2013, S. 27). Ein Ergebnis wird als falsch-positiv definiert, wenn ein Programm als Schadsoftware eingestuft wird, obwohl es nicht schadhaft ist. Ein falsch-negatives Ergebnis klassifiziert Schadsoftware fälschlicherweise als gutartig (vgl. Vinod u. a. 2009, S. 75). Bei neuer oder unbekannter Schadsoftware, für deren Erkennung die Klassifizierungsmethoden eines Detektors unzureichend sein können, kann eine Unentscheidbarkeit eintreten (vgl. Saeed, Selamat und Abuagoub 2013, S. 27).

Bei der Erkennung von Schadsoftware wird zwischen drei Hauptverfahren, der signaturbasierten, verhaltensbasierten und hybrid angesetzten Erkennung, unterschieden (vgl. Jagsir Singh und Jaswinder Singh 2021, S. 1). Angesichts der Anzahl der täglich neu entwickelten und in Umlauf gebrachten Schadsoftware, ist es notwendig, diese automatisiert als solche identifizieren zu können. Aus diesem Grund kommen Verfahren des ML in Systemen zur Schadsoftware-Erkennung im großen Umfang zum Einsatz (vgl. Aryal, Gupta und Abdelsalam 2021, S. 2).

Signaturbasierte Erkennung

Der signaturbasierte Ansatz ist die häufigste Methode, die bei der Schadsoftware-Erkennung eingesetzt wird (vgl. Souri und Hosseini 2018, S. 3). Für die Erstellung einer Signatur wird innerhalb einer Datei eine Reihe von Bytes oder ein Hash des Dateiinhalts verwendet. Bei der Überprüfung einer Datei wird deren Signatur mit den in einer Datenbank angelegten Signaturen von bekannter Schadsoftware verglichen. Enthält die Datenbank die gesuchte Signatur, wird die Datei als schadhaft klassifiziert (vgl. Reznik 2021, S. 219). Andere signaturbasierte Verfahren verwenden zur Identifizierung von Schadprogrammen Merkmale, die aus Programmanweisungen, Kontrollflussgraphen und mnemonischen Sequenzen abgeleitet werden. In Abhängigkeit des jeweiligen Klassifizierungsalgorithmus werden diese extrahierten Merkmale verwendet, um die Datensätze einfacher Erkennungsmethoden zu erweitern oder um ML-basierte Schadsoftware-Detektoren zu trainieren (vgl. Jagsir Singh und Jaswinder Singh 2021, S. 6). Eine schematische Darstellung hierzu kann dem Anhang A.1 entnommen werden. Der signaturbasierte Ansatz zeichnet sich durch Schnelligkeit und Effizienz bei der Erkennung von bereits bekannten Schadprogrammen aus, ist allerdings hinsichtlich der Identifizierung neuer Varianten von Schadsoftware ungeeignet und kann leicht mit Verschleierungstechniken umgangen werden (vgl. Aslan und Samet 2020, S. 6253).

Verhaltensbasierte Erkennung

Die Begriffe heuristikbasierte und anomaliebasierte Erkennung werden teilweise synonym zur verhaltensbasierten Erkennung verwendet (vgl. Landage und Wankhade 2013, S. 64). Bei der verhaltensbasierten Erkennung wird versucht, potenzielle Schadsoftware anhand von Verhaltensweisen mittels folgender Verfahren zu identifizieren:

- Prozessüberwachung (vgl. Sikorski und Honig 2012, S. 43 ff.)
- Überwachung von Dateiänderungen (vgl. Sikorski und Honig 2012, S. 528)
- Überwachung von Systemaufrufen (vgl. Das u. a. 2016, S. 1)
- Überwachung der Netzwerkaktivitäten (vgl. Alosefer 2012, S. 19)
- Vergleich von Registry-Snapshots (vgl. Aslan und Samet 2017, S. 1280)

Ein weiterer Ansatz ist die Verwendung von Sandbox-Umgebungen, bei dem das Laufzeitverhalten von Code in einer isolierten virtuellen Maschine analysiert wird (vgl. Sikorski und Honig 2012, S. 40 ff.). Allerdings kann eine Sandbox-Umgebung durch ein Schadprogramm erkannt werden und im Zuge dessen seine schadhaften Funktionen verschleiern, sodass eine korrekte Analyse nicht gewährleistet werden kann (vgl. Aslan und Samet 2020, S. 6258 f.). Der verhaltensbasierte Ansatz zur Schadsoftware-Erkennung bietet den Vorteil, auch bisher unbekannte oder verschleierte Schadsoftware erkennen zu können (vgl. Souri und Hosseini 2018, S. 5). Im Gegensatz zu signaturbasierten Erkennungsverfahren sind diese Verfahren allerdings ressourcenintensiv und komplex (vgl. Souri und Hosseini 2018, S. 14). Eine schematische Abbildung ist im Anhang A.2 dargestellt.

Hybrider Ansatz zur Erkennung

Die signatur- und verhaltensbasierten Techniken bieten spezifische Vor- und Nachteile. Beim hybriden Ansatz zur Erkennung von Schadsoftware werden Elemente beider Verfahren genutzt, um die jeweiligen Nachteile zu kompensieren (vgl. Jagsir Singh und Jaswinder Singh 2021, S. 13). Eine schematische Darstellung hierzu kann dem Anhang A.3 entnommen werden.

2.1.3. Verschleierung von Schadsoftware

Entwickler von Schadprogrammen nutzen Verschleierungstechniken, um Code zu verbergen und schwer rekonstruierbar zu machen, damit dessen schadhafte Funktionen unentdeckt bleiben (vgl. Vinod u. a. 2009, S. 76).

Allgemein kann ein Verschleierungsprozess wie folgt beschrieben werden. Gegeben seien ein Programm P und eine Transformationsfunktion T, die P in ein Programm P' mit folgenden Eigenschaften überführt (vgl. Vinod u. a. 2009, S. 76):

- P lässt sich schwer aus P' rekonstruieren
- P' enthält die Funktionalität von P
- P' verhält sich vergleichbar mit P

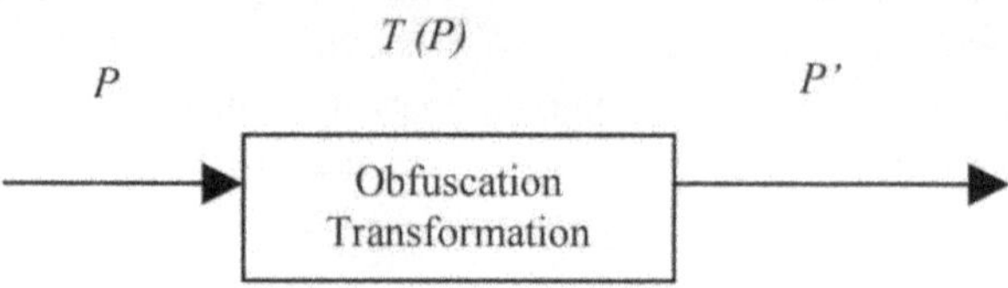

Abbildung 2.1.: Verschleierung von Schadsoftware (entnommen aus Vinod u. a. 2009)

Etablierte Verschleierungstechniken zur Erzeugung eines Programms P' werden anhand der folgenden Hauptkategorien eingeordnet (vgl. You und Yim 2010, S. 298 f.).

Einfügen von totem Code Beim Einfügen von „totem" Code werden einem Programm ineffektive Anweisungen hinzugefügt, um dessen Erscheinungsbild zu ändern (vgl. Balakrishnan und Schulze 2005, S. 8).

Ersetzung von Befehlen Bei dieser Technik werden Anweisungen bei jeder Generation der Schadsoftware durch andere Anweisungen ersetzt, die dieselbe Funktion beihalten (vgl. Konstantinou und Wolthusen 2008, S. 42).

Neuzuweisung von Registern Diese Technik weist Register bei jeder Generation der Schadsoftware neu zu, ohne den Programmcode zu ändern (vgl. Konstantinou und Wolthusen 2008, S. 39 f.).

Neuanordnung von Subroutinen Ein Satz von Anweisungen wird bei dieser Technik so permutiert, dass sich der Code in seinem Aussehen ändert (vgl. Wong und Stamp 2006, S. 4).

Code-Transposition Die Code-Transposition ordnet die Reihenfolge der Anweisungen eines Originalcodes neu an. Es existieren zwei Methoden, um diese Technik zu erreichen (vgl. Christodorescu und Jha 2004, S. 6):

- Die Anweisungen werden zufällig gemischt; anschließend wird die ursprüngliche Ausführungsreihenfolge wiederhergestellt, indem Verzweigungen oder Sprünge eingefügt werden.

- Er werden Anweisungen, die unabhängig sind und keinen Einfluss auf andere Anweisungen haben, ausgewählt und neu angeordnet.

Code-Integration Bei der Code-Integration fügt sich eine Schadsoftware in den Code ihres Zielprogramms ein (vgl. Konstantinou und Wolthusen 2008, S. 43).

2.2. Maschinelles Lernen im Kontext der Schadsoftware-Erkennung

In den nachfolgenden Unterkapiteln wird ein Überblick zu ML hinsichtlich der Schadsoftware-Erkennung und deren Umgehung thematisiert. Dabei wird auf das Bedrohungsmodell und die Übertragbarkeit von Umgehungsangriffen eingegangen.

2.2.1. Überblick

„ML ist ein Teilgebiet der Künstlichen Intelligenz, das die Untersuchung von Algorithmen umfasst, die in der Lage sind, sich automatisch durch Erfahrung zu verbessern, um Probleme ohne externe Anweisungen zu lösen, indem zuvor trainierte Modelle verwendet werden" (übersetzt aus Reznik 2021, S. 35). Ein Modell wird durch Training mit einem Satz von Datenpunkten erstellt, um Vorhersagen auf Grundlage der Lösung von Klassifizierungs-, Clustering- oder Regressionsaufgaben treffen zu können (vgl. Thomas, Vijayaraghavan und Emmanuel 2020, S. 4). Die Genauigkeit eines Modells bei der Schadsoftware-Erkennung kann erhöht werden, indem eine Vielzahl an Merkmalen von Schadprogrammen und gutartigen Anwendungen zum Training verwendet werden (vgl. McLaughlin u. a. 2017, S. 305). Abbildung 2.2 veranschaulicht die grundlegende Architektur von ML-basierten Klassifikatoren im Kontext der Schadsoftware-Erkennung. Während der Analyse werden erste Merkmale extrahiert. Anschließend erfolgt die Merkmalsauswahl und -darstellung, auf deren Grundlage das Training durchgeführt wird.

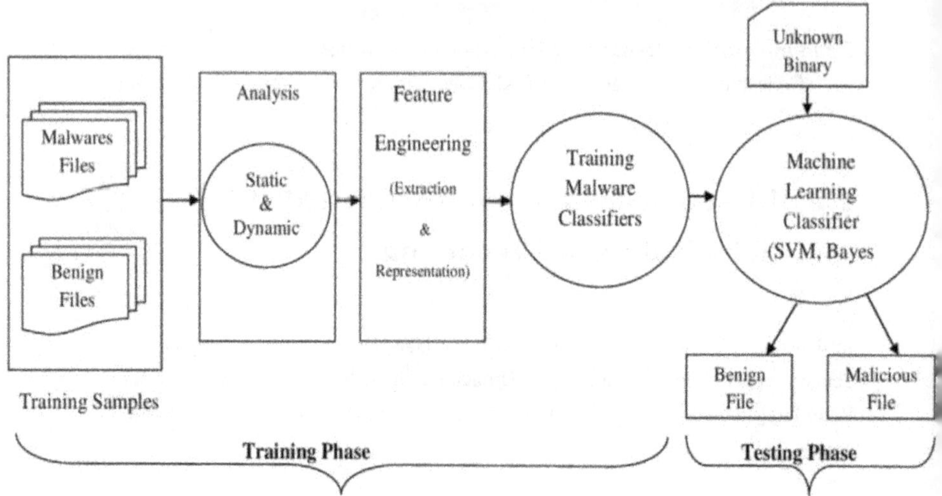

Abbildung 2.2.: Schematische Darstellung von Schadsoftware-Erkennung mittels ML (entnommen aus Jagsir Singh und Jaswinder Singh 2021)

Nach Singh und Singh bietet der Einsatz von ML folgende Vorteile (vgl. Jagsir Singh und Jaswinder Singh 2021, S. 4):

- Vorhandene Virenschutz- und Sandbox-Techniken können ergänzt werden

- Die Gewinnung von Erkenntnissen aus Schadsoftware wird automatisiert

- Unbekannte Varianten von Schadprogrammen können besser verallgemeinert werden

- Der durch Menschen benötigte Aufwand und die Zeit zur Analyse von Schadsoftware kann reduziert werden

Allerdings bringt der Einsatz von ML die Herausforderung mit sich, dass die Klassifikatoren trotz der Fähigkeit zur Generalisierung häufig aktualisiert oder neu trainiert werden müssen, um neue Schadsoftware erkennen zu können. Aus diesem Grund ist ML im Vergleich zu anderen Verfahren rechen- und zeitintensiv (vgl. Jagsir Singh und Jaswinder Singh 2021, S. 5 f.). Ein weiteres Problemfeld sind Umgehungsangriffe, die im nächsten Unterkapitel erläutert werden.

2.2.2. Umgehung von ML-basierten Erkennungssystemen

Umgehungsangriffe sind Manipulationsversuche, die während der Testphase und ohne Veränderung eines ML-Klassifikators durchgeführt werden, bei denen ein Angreifer darauf abzielt, mit manipulierten Eingabedaten einen Klassifizierungsfehler zu erzeugen (vgl. Muñoz-González und Lupu 2019, S. 67). Diese manipulierten Eingabedaten werden auch als adversariale Beispiele bezeichnet (vgl. I. J. Goodfellow, Shlens und Szegedy 2014, S. 1). Dabei werden bestimmte Bereiche des Merkmalsraums eines ML-Modells ausgenutzt, um im Falle der Schadsoftware-Erkennung eine Fehlklassifizierung zu erzeugen, die Schadprogramme als gutartig einstuft (vgl. Anderson 2017, S. 1). Es wird zwischen zwei verschiedenen Szenarien unterschieden (vgl. Muñoz-González und Lupu 2019, S. 67):

- Das Ausnutzen von Bereichen des Merkmalsraums, deren Punkte sich deutlich von denen unterscheiden, die während des Trainings des ML-Algorithmus verwendet wurden. Diese Angriffe können jedoch leicht durch eine Datenvorfilterung oder durch die Erkennung von Ausreißern abgewehrt werden.

- Das Ausnutzen von Bereichen des Merkmalsraums, für die sich die erlernte Entscheidungsgrenze von der realen, jedoch unbekannten Entscheidungsgrenze unterscheidet, welche die Klassen optimal voneinander trennt. Diese Möglichkeit besteht, da die Anzahl der zum Trainieren des ML-Algorithmus verwendeten Merkmale endlich ist oder das jeweilige Klassifizierungsproblem zu komplex ist.

Bedrohungsmodell

Die Möglichkeiten eines Angreifers zum Umgehen eines ML-Modells hängen von seinen Zielen und den Informationen ab, die er über ein solches Modell besitzt (vgl. Yin, Liu und Chawla 2019, S. 2). Abbildung 2.3 zeigt die entsprechenden Schwierigkeitsgrade eines Umgehungsangriffes aus Sicht eines Angreifers hinsichtlich dieser Abhängigkeiten.

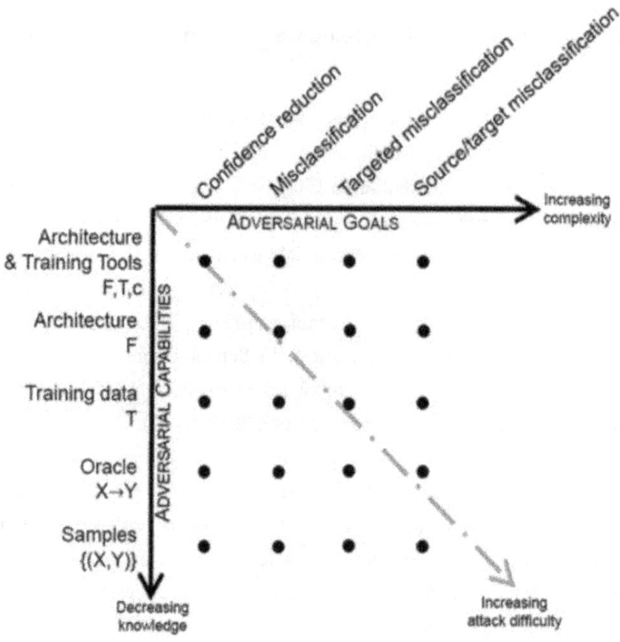

Abbildung 2.3.: Bedrohungsmodell von Umgehungsangriffen (entnommen aus Yin, Liu und Chawla 2019)

Die Komplexität der Angriffsziele, dargestellt auf der horizontalen Achse in Abbildung 2.3, kann nach Papernot u.a. folgendermaßen eingestuft werden (vgl. Papernot, McDaniel, Jha u. a. 2015, S. 3):

1. **Reduzierung der Klassifizierungsgenauigkeit** Hierbei wird versucht, die Genauigkeit zu reduzieren, mit der ein Klassifikator eine Eingabe einer bestimmten Klasse zuordnet.

2. **Fehlklassifizierung** Bei der einfachen Fehlklassifizierung wird versucht, ein Modell dazu zu verleiten, eine Eingabe als eine beliebig andere Klasse einzustufen als die ursprüngliche Klasse.

3. **Gezielte Fehlklassifizierung** Ziel ist es hierbei, eine Klassifizierung der Eingabe zu einer bestimmten Klasse zu erzwingen, die sich von der ursprünglichen Klasse der Eingabe unterscheidet.

4. **Fehlklassifizierung von Eingabe und Ausgabe** Hierbei wird versucht, eine Klassifizierung einer spezifischen Eingabe in eine bestimmte Zielklasse, die sich von der ursprünglichen Klasse unterscheidet, zu erzwingen.

Die vertikale Achse in Abbildung 2.3 zeigt die verschiedenen Stufen des zur Verfügung stehenden Modell- und Datenwissens. Ein Umgehungsangriff wird schwerer, wenn die Menge an verfügbarer Information abnimmt. Papernot u.a. spezifizieren diese Einstufung wie folgt (vgl. Papernot, McDaniel, Jha u. a. 2015, S. 3):

1. **Kenntnisse über Modellarchitektur und Trainingsdaten** Der Angreifer hat umfangreiche Kenntnisse über das Modell F, den Trainingsdatensatz T und die Verlustfunktion c.

2. **Kenntnisse über Modellarchitektur** Hier hat der Angreifer lediglich Kenntnisse über die Modellarchitektur F.

3. **Kenntnisse über den Trainingsdatensatz** Der Angreifer hat nur Kenntnisse über den Trainingsdatensatz T oder vergleichbare Ersatzdaten. Hiermit ist beispielsweise das Training eines Ersatzmodells möglich, mit dem sich an das anzugreifende Modell F angenähert werden kann.

4. Orakel In diesem Fall hat der Angreifer keine Informationen zum Modell F und dessen Trainingsdaten T. Allerdings hat er Zugriff auf die Ausgabeklassifikation y einer bestimmten Eingabe x, deren Beziehung er für seine Zwecke analysieren kann.

5. Zugriff auf einzelne Proben Der Angreifer ist in der Lage, Paare von Eingaben und Ausgaben $\{(x,y)\}$ zu sammeln, kann jedoch weder Eingaben x in das Modell F tätigen, noch resultierende Ausgaben y analysieren.

Umgehungsangriffe, die auf Grundlage von Kenntnissen über die jeweilige Modellarchitektur durchgeführt werden, bezeichnet man als White-Box-Angriffe (vgl. Yin, Liu und Chawla 2019, S. 4). Aktuelle Forschungen zu Angriffen auf White-Box-Modelle beschreiben sehr hohe Erfolgsquoten (vgl. Aryal, Gupta und Abdelsalam 2021, S. 14). Erlangt ein Angreifer keinen Zugriff auf die Modellarchitektur oder deren Parameter, stellt sich ihm das Modell als sogenannte Black-Box dar, bei dem die Parameter des Modells experimentell erraten werden müssen (vgl. Yin, Liu und Chawla 2019, S. 4). Die Durchführung von Black-Box-Angriffen entspricht eher realen Szenarien, da ein Angreifer in den wenigsten Fällen umfangreiche Kenntnisse zum Zielmodell hat (vgl. Aryal, Gupta und Abdelsalam 2021, S. 14). Aufgrund der Tatsache, dass adversariale Beispiele von erfolgreichen Umgehungsangriffen auf andere ML-Modelle anwendbar sind, kann die Durchführung von Black-Box-Angriffen aus Sicht eines Angreifers dennoch zielführend sein (vgl. X. Yuan u. a. 2017, S. 4).

Übertragbarkeit von adversarialen Beispielen

Die Übertragbarkeit von adversarialen Beispielen beschreibt die Möglichkeit, mittels manipulierter Eingabedaten, die ursprünglich bei einem ML-Modell F zu einer Fehlklassifizierung führten, für ein Modell F' ebenfalls eine Fehlklassifizierung zu erreichen, selbst wenn sich deren Architekturen stark unterscheiden (vgl. Papernot, McDaniel und I. Goodfellow 2016, S. 1). Dies ist deshalb möglich, da der

Abstand der Entscheidungsgrenze eines Modells zur realen Entscheidungsgrenze durchschnittlich größer ist als der von den Entscheidungsgrenzen zwischen zwei verschiedenen Modellen (vgl. Tramèr u. a. 2017, S. 2). Dabei ist der Einsatz ungerichteter adversarialer Beispiele bei einer Umgehung effizienter als der von zielgerichteten (vgl. X. Yuan u. a. 2017, S. 16). Unter Verwendung eines Ersatzmodells zum Generieren von adversarialen Beispielen kann ein Angreifer trotz eingeschränkter Informationslage über das Zielmodell Umgehungsangriffe durchführen (vgl. Papernot, McDaniel und I. Goodfellow 2016, S. 1).

2.3. Generative Adversariale Netzwerke

Dieses Kapitel soll die Grundlagen und Funktionsweise zu GANs vermitteln. Dazu werden zunächst KNNs und die damit zusammenhängenden Begriffe eingeführt, auf denen die Theorie von GANs aufbaut.

2.3.1. Künstliche Neuronale Netze

Der Einsatz von KNNs ist ein Anwendungsgebiet innerhalb des ML, bei dem anhand des Trainings eines mehrschichtigen Modells das Ziel verfolgt wird, eine Funktion $f^*(x) = y$ zu approximieren, sodass die Eingabe x einer Kategorie y zugeordnet wird (vgl. I. Goodfellow, Bengio und Courville 2016, S. 164). Ein KNN f kann als Verkettung $f = f^n \circ \cdots \circ f^i \circ \cdots \circ f^1$ der Funktionen $f = f^1, ..., f^i, ..., f^n$ beschrieben werden, die als Schichten bezeichnet werden. Dabei wird die erste Schicht f^1 als Eingabeschicht und die letzte Schicht f^n als Ausgabeschicht des Modells bezeichnet. Schichten f^i, die zwischen der Ein- und Ausgabeschicht angeordnet sind, werden als verborgene Schichten bezeichnet. Die Anzahl der Funktionen gibt die Tiefe eines Modells an (vgl. I. Goodfellow, Bengio und Courville 2016, S. 165). Abbildung 2.4 stellt den schematischen Aufbau eines solchen KNN dar.

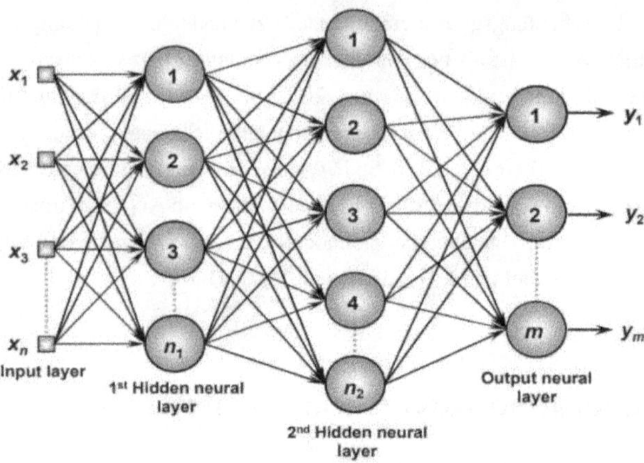

Abbildung 2.4.: Beispiel eines KNN mit mehreren vollständig verbundenen Schichten (entnommen aus Silva u. a. 2016)

Die Schichten eines KNN setzen sich aus einer Menge von als künstliche Neuronen bezeichneten Knoten zusammen, die durch gerichtete Verknüpfungen miteinander verbunden sind. Die Verknüpfung zwischen einem Neuron i und einem Neuron j dient dazu, die Aktivierung a_i von i nach j weiterzuleiten. Dabei ist jeder Verknüpfung ein numerisches Gewicht $w_{i,j}$ zugeordnet, das die Intensität und das Vorzeichen der Verknüpfung angibt (vgl. Russel und Norvig 2012, S. 846).

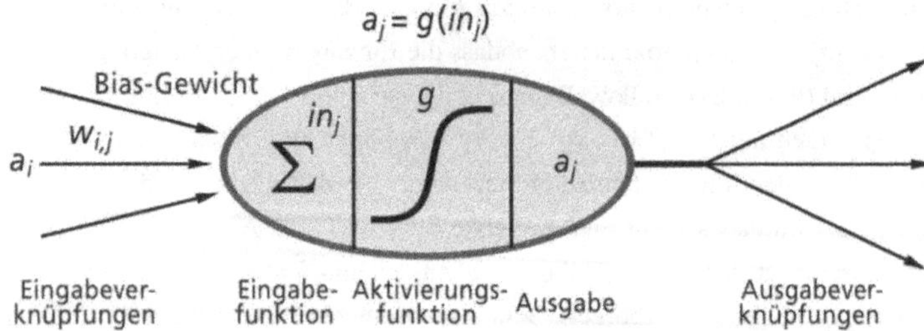

Abbildung 2.5.: Schematische Darstellung eines künstlichen Neurons (entnommen aus Russel und Norvig 2012)

Für jedes Neuron j wird die gewichtete Summe seiner Eingaben nach folgender Formel berechnet (vgl. Russel und Norvig 2012, S. 847):

$$in_j = \sum_{i=0}^{n} w_{i,j} a_i \qquad (2.1)$$

Anschließend wird eine Aktivierungsfunktion g auf die errechnete Summe angewendet, um die Ausgabe a_j des Neurons zu bestimmen (vgl. Russel und Norvig 2012, S. 847):

$$a_j = g(in_j) = g(\sum_{i=0}^{n} w_{i,j} a_i) \qquad (2.2)$$

Innerhalb eines KNN besteht die Möglichkeit, die Ergebnisse vorheriger Berechnungen zu speichern und die dabei verwendeten Gewichte anzupassen. Diese Fähigkeit ermöglicht den künstlichen Neuronen eine Änderung ihres Verhaltens als Reaktion auf erhaltene Eingaben, wodurch ein Lernprozess stattfindet (vgl. Reznik 2021, S. 45). Für einen derartigen Optimierungsprozess kann eine große Anzahl an Trainingsdaten benötigt werden, was bei deren mangelnder Verfügbarkeit den Einsatz von Verfahren zur Datensatzerweiterung zweckdienlich macht (vgl. I. Goodfellow, Bengio und Courville 2016, S. 236). Mit den nachfolgend detaillierter beschriebenen GANs ist dies beispielsweise möglich.

2.3.2. Grundlagen und Funktionsweise von GAN's

GANs wurden erstmals im Jahre 2014 beschrieben (vgl. I. J. Goodfellow, Pouget-Abadie u. a. 2014). Hierbei handelt es sich um zwei KNNs, die in gegenseitiger Konkurrenz ein Nullsummenspiel austragen. Dabei agiert ein KNN als ein Generator G, der aus einem eingehenden Zufallsrauschen $z \sim p_z(z)$ versucht, synthetische Daten $G(z)$ zu erstellen, die wie Stichproben aus einer echten Datenverteilung $x \sim p_{\text{data}}(x)$ wirken sollen, mit der das GAN im Vorfeld trainiert wurde.

Das andere KNN verhält sich als ein Diskriminator D, der als Eingabe entweder synthetische Daten $G(z)$ oder echte Daten x erhält. Die Aufgabe von D ist es, als Ausgabe zu berechnen, mit welcher Wahrscheinlichkeit $D(x)$ die Eingabe aus der echten Verteilung x und somit nicht von G stammt. Dabei beschreibt $D(G(z))$ die Wahrscheinlichkeit, dass ein generiertes Beispiel echt ist. Auf Grundlage dieses Ausgangswertes werden beide KNNs angepasst, was zur Folge hat, dass D und G effizienter werden (vgl. I. Goodfellow, Bengio und Courville 2016, S. 696 f.). Das Training der beiden KNNs wird anhand folgender Zielfunktion beschrieben:

$$\min_{G}\max_{D} V(D,G) = \mathbb{E}_{x \sim p_{\text{data}}(x)}[\log D(x)] + \mathbb{E}_{z \sim p_z(z)}[\log(1 - D(G(z)))] \qquad (2.3)$$

Dabei zielt G darauf ab, für $D(G(z))$ einen möglichst hohen Wert zu erreichen, sodass $\log(1 - D(G(z)))$ möglichst klein ausfällt. Gleichzeitig wird von D versucht, x und $G(z)$ korrekt zu klassifizieren. Nach einer bestimmten Anzahl an Trainigsepochen wird zwischen D und G ein Nash-Gleichgewicht erreicht, sodass ab diesem Punkt keine Verbesserung mehr möglich ist. In diesem Fall entspricht $D(x) = \frac{1}{2}$ (vgl. I. Goodfellow, Bengio und Courville 2016, S. 697).

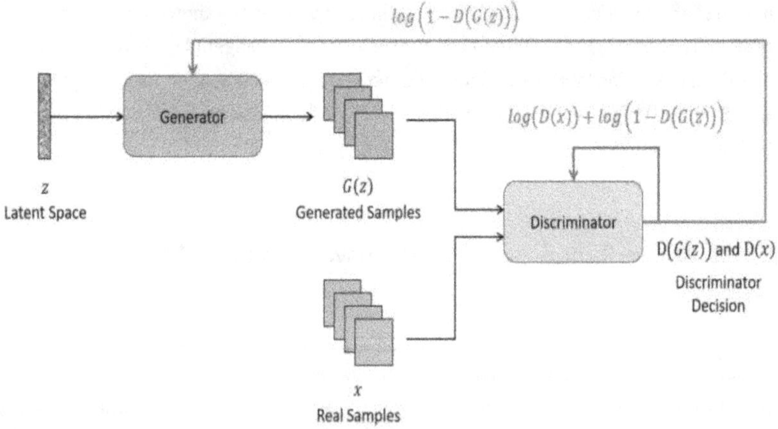

Abbildung 2.6.: Architektur eines GAN (entnommen aus Vint u. a. 2021)

3. Methodisches Vorgehen

Nach Gläser und Laudel sind die theoretischen und strategischen Vorüberlegungen entscheidend für die Qualität einer empirischen Untersuchung (vgl. Gläser und Laudel 2009, S. 61). Demnach erfolgen in diesem Kapitel Überlegungen zur Vorgehensweise des Forschungsteils, die letztlich unter Einhaltung der Gütekriterien zur Beantwortung der Forschungsfrage führen sollen.

3.1. Qualitative Forschung

Da sich die Forschungsfrage dieser Arbeit nicht experimentell oder durch allgemeine Umfragen beantworten lässt, erfolgt die Anwendung einer qualitativen Methodik. Eine Forschung, bei der qualitative Methoden verwendet werden, zeichnet sich durch eine induktive und theoriegenerierende Arbeitsweise bei der Untersuchug zu Kausalmechanismen aus (vgl. Gläser und Laudel 2009, S. 26). Es wird eine möglichst genaue, lückenlose und vielseitige Darstellung des Forschungsgegenstands angestrebt, die praktische Problemstellungen aufgreift und deren Ergebnisse auf die Realität bezieht (vgl. Reinders u. a. 2015, S. 120). Zudem zeichnen sich qualitative Methoden durch ein hohes Maß an Offenheit gegenüber dem Forschungsgegenstand aus, wodurch die Datenerhebung nur durch wenige Vorgaben limitiert wird (vgl. Reinders u. a. 2015, S. 54). Das Ziel qualitativer Forschung ist das Verständnis subjektiver Bedeutungen und die Herausarbeitung von Sinnzusammenhängen durch Auslegung und Interpretation der erhobenen Daten (vgl. Reinders u. a. 2015, S. 120). Für die Datenerhebung in dieser Arbeit werden diesbezüglich leitfadengestützte Expertenbefragungen durchgeführt, die induktiv aus zuvor aufgestellten Hypothesen formuliert und mittels qualitativer Inhaltsanalyse ausgewertet und interpretiert werden.

3. Methodisches Vorgehen

Anhand von Gütekriterien wird die Qualität von Forschungsergebnissen abgesichert. Reinders u.a. definieren für die qualitative Forschung die nachfolgend aufgeführten spezifischen Gütekriterien, die auch in dieser Arbeit Beachtung finden und in den entsprechenden Verfahrensschritten angewendet werden (vgl. Reinders u. a. 2015, S. 126).

Verfahrensdokumentation Der Forschungsprozess und dessen Methodik ist zur Gewährleistung der Nachvollziehbarkeit so genau wie möglich zu dokumentieren.

Regelgeleitetheit Eine systematische und nachvollziehbare Vorgehensweise sowie das Festlegen von Verfahrensregeln muss trotz der Offenheit gegenüber dem Forschungsgegenstand eingehalten werden.

Intercoder-Reliabilität Die Interpretation erhobener Daten muss zu einer Übereinstimmung zwischen verschiedenen Auswertern führen. Dies gelingt durch Beachtung der Stabilität, Reproduzierbarkeit und Exaktheit im Forschungsprozess.

Kommunikative Validierung Anhand der Diskussion der Forschungsergebnisse mit den Forschungsteilnehmern können Interpretationen und die Gültigkeit der ermittelten Ergebnisse überprüft werden.

Methodentriangulation Die Kombination qualitativer und quantitativer Analyseansätze kann Schwächen der jeweiligen Einzelmethoden ausgleichen und ist daher vorzuziehen. Somit kann der Untersuchungsgegenstand aus unterschiedlichen Perspektiven betrachtet werden, was zu einem erweiterten Erkenntnishorizont führen kann.

3.2. Erarbeitung des Forschungsstandes mittels Literaturrecherche

Die Ausarbeitung eines Leitfadens und die Durchführung einer Expertenbefragung setzen eine vorangestellte Aufarbeitung des Forschungsstandes des zu untersuchenden Themenkomplexes voraus (vgl. Kaiser 2015, S. 55). Dabei ist das akkumulierte Vorwissen so zu organisieren, dass es die Untersuchung anleiten kann (vgl. Gläser und Laudel 2009, S. 77). Hierfür bietet sich die systematsiche Literaturrecherche an, bei der unter Beachtung von im Vorfeld definierten Kriterien alle publizierten wissenschaftlichen Arbeiten eines Untersuchungsgegenstandes einbezogen werden. Dabei werden die methodische Qualität und die Intension einer Publikation beurteilt und die einzelnen Ergebnisse der Studien miteinander verglichen (vgl. Klug, Ressing und Blettner 2009, S. 457). Zur Durchführung der in dieser Arbeit durchgeführten Literaturrecherche wird eine Strategie definiert, die beschreibt, anhand welcher Kriterien und mittels welcher Schlagworte in den festgelegten Quellen nach Literatur gesucht wird. Nähere Ausführungen hierzu erfolgen im entsprechenden Kapitel. Das Ziel der Literaturrecherche ist die Aufstellung von Hypothesen, aus denen Fragestellungen für die Expertenbefragungen abgeleitet werden sollen.

3.3. Datenerhebung mittels Expertenbefragungen

Zur Beantwortung der Forschungsfrage werden qualitative Expertenbefragungen durchgeführt, da aufgrund der begrenzten Perspektiven der bisherigen Forschung und Komplexität des Themengebietes exklusives Wissen von entsprechendem Fachpersonal erschlossen werden muss. Dabei erfolgt die Auswahl der Fragen und die Auswertung der Antworten systematisch im Hinblick auf die Forschungsfrage (vgl. Reinders u. a. 2015, S. 94).

3. Methodisches Vorgehen

Die Planung, Durchführung und Auswertung des Experteninterviews wird angelehnt an Kaiser folgende Phasen durchlaufen (Auswahl) (vgl. Kaiser 2015, S. 6):

1. Entwicklung des Interviewleitfadens

2. Pre-Test des Interviewleitfadens

3. Auswahl und Kontaktierung der Interviewpartner

4. Durchführung des Experteninterviews

5. Sicherung der Ergebnisse

6. Kodierung des Textmaterials

7. Identifikation der Kernaussagen

8. Erweiterung der Datenbasis

9. Theoriegeleitete Generalisierung und Interpretation

Die einzelnen Phasen setzen sich aus einer Reihe von Arbeitsschritten zusammen, die der wissenschaftlichen Methodik unterliegen. Als erstes erfolgt die Erstellung eines Befragungsleitfadens, der zentrale Inhalte der Forschungsfrage erfasst und eine Erhebung in der Befragungssituation zugänglich macht (vgl. Reinders u. a. 2015, S. 103). Die aus der Literaturrecherche abgeleiteten Hypothesen sollen hierfür die Grundlage bilden. Als Ergebnis entsteht ein Fragebogen, der einem Pre-Test unterzogen wird, um vorab zu überprüfen, ob die angestrebten Ziele der Befragung auch erreicht werden können (vgl. Schnell 2019, S. 123). Anschließend werden Experten nachvollziehbar ausgewählt und kontaktiert, die für eine Untersuchung in Frage kommen. Im Gegensatz zum Verhalten und zu den Reaktionen der Befragten innerhalb der Befragungssituation liegt das Interesse auf der Gewinnung von Informationen zum Forschungsgegenstand. Daher eröffnet sich die Möglichkeit einer schriftlichen Befragung via EMail, wodurch gleichzeitig die Objektivität gewährleistet wird. Die Aufarbeitung der Ergebnisse anhand einer qualitativen Inhaltsanalyse führen zu einer Erweiterung der Datenbasis, die den Ausgangspunkt für eine Interpretation und Diskussion hinsichtlich der Forschungsfrage bildet.

3.3.1. Entwicklung des Befragungsleitfadens

Die Entwicklung eines Leitfadens zur Durchführung der Expertenbefragungen dient einerseits der Systematisierung des Themenfeldes zum Untersuchungsgegenstand und andererseits als konkretes Hilfsmittel während der Befragungen (vgl. Bogner, Littig und Menz 2014, S. 27). Die Leitfadenkonstruktion beinhaltet folgende Schritte (vgl. Bogner, Littig und Menz 2014, S. 32 ff.):

1. Sammlung und Systematisierung der Forschungsfragen und Hypothesen

2. Methodenspezifizierung

3. Gruppierung der Fragen und Hypothesen in Themenblöcke

4. Entwurf von Leitfadenfragen, die bei den Interviews verwendet werden

5. Differenzierung und Systematisierung der Leitfadenfragen

6. Durchführung eines Pretests

Eine Sammlung der Hypothesen erfolgt im Anschluss an die Literaturrecherche. Zusammen mit der Forschungsfrage bilden diese die Grundlage für die Erstellung der Leitfadenfragen. Dabei werden zur Systematisierung Themenblöcke mit unmittelbarem Bezug auf die Forschungsfrage definiert, die den aktuellen und zukünftigen Einsatz von GANs anhand ihrer Nutzungspotenziale und Herausforderungen aus Sicht der Entwickler von Sicherheitslösungen behandeln. Demnach erfolgt zunächst die Festlegung auf eine Betrachtung der Nutzungspotenziale und Herausforderungen, die im Folgenden die beiden hauptsächlichen Themenblöcke bilden. Diese werden weiter unterteilt, um gezielt auf aktuelle und zukünftige Sachverhalte eingehen zu können. Innerhalb der Vorbemerkungen werden Metainformationen mit aufgenommen, die allgemeine Beschreibungen zum Leitfaden und den Befragungsdaten enthalten. Dies betrifft Angaben zum Befragungsthema, zur Forschungsfrage, zur Expertenauswahl und zum Befragungszeitraum. Zudem werden Einstiegs- und Ausstiegsfragen implementiert, um einerseits die Experten durch eine Abfrage ihrer zeitlichen Erfahrung mit dem Untersuchungsgegenstand nicht unmittelbar mit dem Hauptteil des Fragenkatalogs zu konfrontieren. Andererseits sollen die Ausstiegsfragen zu einer Diskussion anregen und die Möglichkeit bieten, weitere Gegebenheiten zu beleuchten. Der Aufbau des Leitfadens stellt sich wie folgt dar:

- Vorbemerkungen
- Einstiegsfragen
- Aktuelle Nutzungspotenziale
- Zukünftige Nutzungspotenziale
- Aktuelle Herausforderungen
- Zukünftige Herausforderungen
- Ausstiegsfragen

Zur Ableitung konkreter Fragen aus den Hypothesen und der Forschungsfrage soll zunächst überlegt werden, wie sich deren Inhalte in zielführende Fragestellungen überführen lassen. Dabei sollte die Gewährleistung der Offenheit sichergestellt und eine Gewinnung aktueller und zukünftiger Einschätzungen sowie zusätzlicher Informationen möglich gemacht werden. Die ausgearbeiteten Fragen werden den entsprechenden Themenblöcken zugeordnet und sollen je nach Inhalt der jeweiligen Antwort, mehrere Hypothesen gleichzeitig verifizieren oder falsifizieren können. Demnach erfolgt anhand des jeweiligen Index eine Mehrfachzuordnung der Hypothesen zu den Fragen. Nach der Fertigstellung des Leitfadens wird ein Pretest durchgeführt, der folgende Tätigkeiten nach Schnell umfasst (Auswahl) (vgl. Schnell 2019, S. 123) :

- Überprüfung des Verständnisses der Fragen durch den Befragten
- Überprüfung des Interesses des Befragten an den Fragen
- Überprüfung der Kontinuität des Interviewablaufs
- Überprüfung der Wirkung der Strukturierung des Erhebungsinstruments
- Überprüfung der Dauer der Befragung

Der ausgearbeitete Leitfaden ist im Anhang unter A.4 dargestellt.

3.3.2. Auswahl der zu befragenden Experten

Die nachvollziehbare Auswahl der Experten bedarf folgender Vorüberlegungen (vgl. Gläser und Laudel 2009, S. 117):

- Welcher Experte verfügt über die relevanten Informationen?
- Welcher dieser Experten ist am ehesten in der Lage, präzise Informationen zu geben?
- Welcher dieser Experten ist am ehesten bereit und verfügbar, um diese Informationen zu geben?

Da sich der Untersuchungsgegenstand innerhalb eines neuen und sehr speziellen Forschungsfeldes befindet, ist die Verfügbarkeit von Experten überschaubar. Der Fokus richtet sich hierbei auf Personen, die sich aufgrund ihrer Forschungsarbeiten bzw. Arbeitstätigkeiten sowohl mit Schadsoftware als auch mit GANs beschäftigen. Zudem liegt das Hauptaugenmerk auf aktuelle und zukünftige Entwicklungen in der praktischen Anwendung von GANs bei der Schadsoftware-Erkennung, die vorrangig für Entwickler von IT-Sicherheitslösungen von Interesse sind. Von daher wurde der Adressatenkreis für die Expertenbefragung auf zwei Personengruppen festgelegt: Zum einen wurden die Forscher betrachtet, die bereits wissenschaftliche Artikel innerhalb des Forschungsfeldes veröffentlicht haben und zum anderen Experten in Unternehmen, die der Branche der Herstellung von IT-Sicherheitslösungen, vorzugsweise im Bereich der Schadsoftware-Erkennung, zuzuordnen sind. Für diese Personengruppen kann zudem angenommen werden, dass sie am ehesten in der Lage sind, präzise Informationen zum Sachverhalt zu geben. Dabei ist die zeitliche Verfügbarkeit und Auskunftsbereitschaft der mutmaßlichen Experten zunächst ungewiss und kann durch die Art und Weise der Kontaktierung und der Argumentation darüber, welcher wissenschaftlicher Beitrag mithilfe der geleisteten Antworten erbracht wird, beeinflusst werden (vgl. Bogner, Littig und Menz 2014, S. 38 f.).

Die Kontaktierung der Forscher erfolgte direkt unter den in den wissenschaftlichen Artikeln veröffentlichten E-Mail-Adressen. Zur Kontaktaufnahme mit den Experten in den Unternehmen wurde zunächst die Presseabteilung per E-Mail angeschrieben, da einerseits direkte Kontaktmöglichkeiten mit einzelnen Mitarbeitern mangels veröffentlichter E-Mail-Adresse nicht vorhanden waren und um andererseits die Berechtigung für die Befragung sicherzustellen. Das Anschreiben enthielt Informationen über das Forschungsthema, die Verwertung der Datenerhebung innerhalb dieser Bachelorarbeit, die Notwendigkeit der Expertenbefragung, den Ablauf der Durchführung und den Zeitansatz, die Wichtigkeit einer Teilnahme und die Anonymisierung der Daten. Dabei unterschieden sich die Anschreiben zwischen den beiden Personengruppen minimal hinsichtlich der Adressierung einer Einzelperson oder eines Unternehmens. Der Durchführungszeitraum der Befragung wurde vom 06.02.2023 bis zum 19.02.2023 festgelegt. Von den insgesamt 67 angeschriebenen Forschern sagten zwei der Teilnahme an der Befragung zu, während drei von insgesamt 15 kontaktierten Unternehmen mit der Befragung einverstanden waren. In den meisten Fällen erfolgte trotz wiederholter Nachfrage keine Antwort.

Nachdem einer Teilnahme an der Expertenbefragung zugesagt wurde, erhielten die Adressaten die Fragebögen inklusive eines Begleitschreibens, das inhaltlich an das Anfrageschreiben angelehnt ist und zusätzliche Hinweise zur Beantwortung der Fragen enthält.

3.3.3. Aufbereitung der erhobenen Daten

Die Aufbereitung und Auswertung der erhaltenen Antworten wird anhand einer qualitativen Inhaltsanalyse durchgeführt. Diese zeichnet sich durch die Vorbereitung und Durchführung einer Extraktion der Rohdaten, deren Aufbereitung und der abschließenden Auswertung aus (vgl. Gläser und Laudel 2009, S. 202).

Transkription der Antworten

Zunächst mussten die erhobenen Daten transkribiert werden, um ein einheitliches Format als Grundlage für die nachfolgenden Arbeitsschritte vorzubereiten. Dabei wurden die in Textform vorliegenden Antworten in die Standardorthographie überführt, triviale Formulierungen eliminiert und fremdsprachige Ausführungen übersetzt. Die entstandenen Transkriptionen folgen einem Schema, bei dem die gegebenen Antworten den jeweiligen Fragen und Experten mittels eines Index zugeordnet sind, um ein übersichtlicheres Referenzieren während der Auswertung der Daten und der Diskussion der Ergebnisse zu ermöglichen. Diese Kodierung der Fragen und deren zugehörigen Antworten wurden anhand der entsprechenden Nummerierung im Fragebogen vorgenommen, wobei Fragen mit einem vorangestelltem F und Antworten mit dem Index des jeweiligen Experten und einem A versehen wurden. Die Experten werden am Anfang des entsprechenden Transkriptes kurz anonym beschrieben. Die Transkripte sind dem Anhang unter A.5 nacheinander beigefügt.

Extraktion und Aufbereitung der relevanten Inhalte

Den Hauptbestandteil der Datenaufbereitung stellt die Extraktion dar, bei der anhand eines aus den theoretischen Vorüberlegungen und Hypothesen abgeleiteten Kategoriesystems den Transkripten die zur Beantwortung der Forschungsfrage benötigten Informationen entnommen werden (vgl. Gläser und Laudel 2009, S. 200 f.). Die Kategorien beziehen sich auf vermutete Einflussfaktoren, die eine Nutzung von GANs bei der Schadsoftware-Erkennung begünstigen oder einschränken könnten und ermöglichen eine Mehrfachzuordnung von Textsegmenten, wenn getätigte Aussagen Aufschluss über mehrere Sachverhalte gleichzeitig geben. Die Kategorisierung wurde unter Verwendung weiterer Unterkategorien festgelegt und thematisiert folgende Themenfelder:

- Die praktische Anwendbarkeit von GANs und Faktoren zu deren Begünstigung oder Einschränkung

- Die Leistung von GANs hinsichtlich der Verbesserung von Schadsoftware-Detektoren bezogen auf mögliche Steigerungen, Einschränkungen und dem Vergleich mit bestehenden Ansätzen

- Verschiedene Anwendungsmöglichkeiten von GANs im Kontext der Erkennung von Schadsoftware

- Die aktuelle und zukünftige Anwendung und Berücksichtigung von GANs bei Entwicklungen

- Die aktuelle und zukünftige kriminelle Nutzung von GANs sowie deren Begünstigungen, Einschränkungen und Gegenmaßnahmen

- Die Auswirkungen einer Verwendung von GANs auf das Tätigkeitsprofil von Experten

Das aufgestellte Kategoriesystem, bestehend aus Haupt- und Unterkategorien, ist im Anhang unter A.6 hierarchisch dargestellt.

Die Zuordnung der relevanten Inhalte aus den Transkripten zu den jeweiligen Kategorien erfolgte unter Zuhilfenahme der Webanwendung QCAmap, die eine systematische Textanalyse in wissenschaftlichen Projekten auf Basis der Techniken der qualitativen Inhaltsanalyse ermöglicht. Dazu wurden die Transkripte in die Anwendung importiert und iterativ hinsichtlich der einzelnen Kategorien untersucht. Passte ein Textsegment in eine oder mehrere Kategorien, wurde eine entsprechende Markierung vorgenommen. Die unter den Kategorien subsummierten Aussagen wurden im nächsten Arbeitsschritt bei Bedarf so aufgearbeitet und ergänzt, dass der Kontext zur jeweiligen Frage beziehungsweise zum ursprünglichen Sachverhalt ersichtlich wurde. Als Ergebnis entstanden zu jeder Unterkategorie die im Anhang unter A.7 aufgeführten Tabellen.

Darauf aufbauend wurde anhand der Tabellen im Anhang unter A.8 die eigentliche Extraktion der Informationen aus den berichteten Sachverhalten, Meinungen und Erfahrungen vorgenommen, indem diese nach Gläser und Laudel hinsichtlich ihrer Ursachen und der daraus abgeleiteten Wirkungen auf den Untersuchungsgegenstand betrachtet wurden (vgl. Gläser und Laudel 2009, S. 209). Hierfür wurden Textsegmente gestrichen, wenn die verschiedenen Experten zu einem bestimmten Sachverhalt inhaltlich die selben Aussagen getätigt haben. Dieser Vorgang unterliegt zusammen mit der Formulierung von möglichen Ursachen und Wirkungen der Sachverhalte und deren vorherigen Kategorisierung bereits ersten Interpretationen (vgl. Gläser und Laudel 2009, S. 218). Die dargelegten Ursachen und Wirkungen ergaben sich je nach Sachverhalt aus dem Kontext innerhalb der gegebenen Antworten oder eigenen Überlegungen. Diese Untersuchung verfolgte das Ziel, Kausalmechanismen zu formulieren, die zur Beantwortung der Forschungsfrage beitragen. Während der Durchführung einer qualitativen Inhaltsanalyse bildet jeder der zuvor beschriebenen Zwischenschritte die Grundlage des nächsten Arbeitsschrittes, deren Ergebnisse zusätzlich der Verfahrensdokumentation dienen, um eine Rekonstruktion der durchgeführten Untersuchung zu ermöglichen (vgl. Gläser und Laudel 2009, S. 229)

4. Literaturrecherche zum aktuellen Forschungsstand

In diesem Kapitel werden GANs hinsichtlich ihrer Anwendungsmöglichkeiten bei der Schadsoftware-Erkennung betrachtet. Die Ausführungen sind das Ergebnis einer Literaturrecherche, die einerseits als theoretische Grundlage für die Befragungen den aktuellen Forschungsstand wiedergeben und andererseits der Hypothesenaufstellung dienen sollen. Die Literatursuche wurde innerhalb der Fachdatenbanken Semantic Scholar, Google Scholar und Arxiv mithilfe einer Schlagwortsuche durchgeführt, die nachfolgend als Suchstring dargestellt ist, wobei die 30 relevantesten wissenschaftlichen Artikel seit 2017 betrachtet wurden.

```
(Generative Adversarial Network OR GAN) AND malware AND detect*
```

Die ausgewählten Artikel wurden zunächst in Abhängigkeit der Inhalte ihrer Zusammenfassungen und Schlussfolgerungen auf die Erfüllung der geforderten Kriterien überprüft, die folgendermaßen festgelegt wurden:

- Der Artikel beschreibt ein offensiv oder defensiv anwendbares GAN-Modell im Kontext der Schadsoftware-Erkennung.

- Das beschriebene Modell wurde experimentell getestet und analysiert.

Die Artikel, welche den Kriterien entsprachen, wurden vollständig ausgewertet und nachfolgend zusammengefasst beschrieben. Je nach Verwendungszweck der beschriebenen Modelle wurden diese den offensiven oder defensiven Verfahren zugeordnet. Innerhalb dieser Einordnung erfolgte eine Strukturierung hinsichtlich des Veröffentlichungsdatums, der vorgestellten Ansätze und der darauf aubauenden Untersuchungen. Es werden jeweils zu Beginn die grundlegenden offensiven beziehungsweise defensiven Konzepte erläutert, bevor ein zusammenfassender Überblick der verwendeten Modelle und deren Vergleich dargestellt wird.

4.1. Offensive Verwendung von GAN's

Für die offensive Verwendung von GANs werden hauptsächlich Modellarchitektu-
ren verwendet, bei denen ein GAN im Verbund mit einer Instanz eines Schadsoftware-
Detektors implementiert wird, dessen Modell sich dem Angreifer als Black-Box
darstellt. Dabei erhält der Generator eine Verkettung von Schadsoftwaremerkmalen
und Rauschvektoren als Eingabe, aus denen neue Schadprogramme synthetisiert
werden. Diese werden zusammen mit gutartigen Programmen dem Schadsoftware-
Detektor zugeführt, der die eingehenden Daten als gutartig oder schadhaft klassifiziert. Der Diskriminator agiert als Ersatz-Detektor, der als Eingabe die durch
den Schadsoftware-Detektor gekennzeichneten Programme erhält und auf deren
Grundlage versucht, sich an den Schadsoftware-Detektor anzupassen. Das Ziel
dieser Anpassung ist es, Gradienteninformationen des Schadsoftware-Detektors
zu erhalten, um adversariale Beispiele erzeugen zu können, die im Idealfall den
Schadsoftware-Detektor zu einer Fehlklassifizierung verleiten.

Die erste wissenschaftliche Arbeit, die den offensiven Einsatz eines GAN nach der
oben skizzierten Vorgehensweise beschreibt, wurde 2017 veröffentlicht. Das hierbei vorgeschlagene Modell wird als MalGAN bezeichnet und stellt die einfachste
Architektur eines solchen Ansatzes dar (vgl. Hu und Tan 2017). Stellvertretend für
jegliche Varianten dieser Architektur ist das Modell von MalGAN in Abbildung
4.1 schematisch dargestellt.

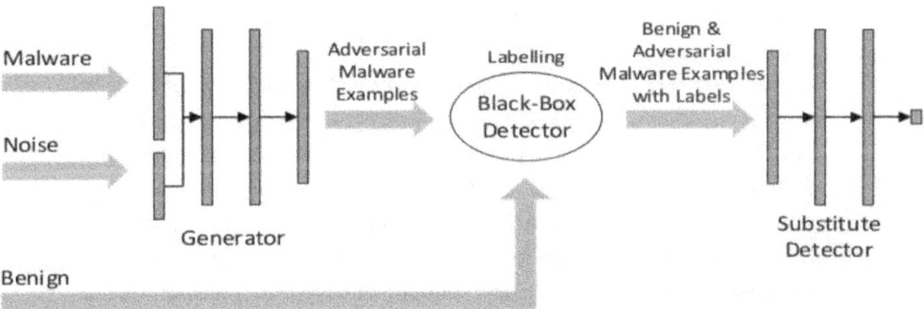

Abbildung 4.1.: Architektur von MalGAN (entnommen aus Hu und Tan 2017)

Aufgrund der Übertragbarkeit von Umgehungsangriffen können die falsch klassifizierten synthetischen Schadprogramme gegen andere Erkennungssysteme eingesetzt werden. Experimente zeigen, dass MalGAN in der Lage ist, nach wenigen Trainingsepochen Schadprogramme zu generieren, die zu 100% als gutartig eingestuft werden. Abbildung 4.2 veranschaulicht dies grafisch.

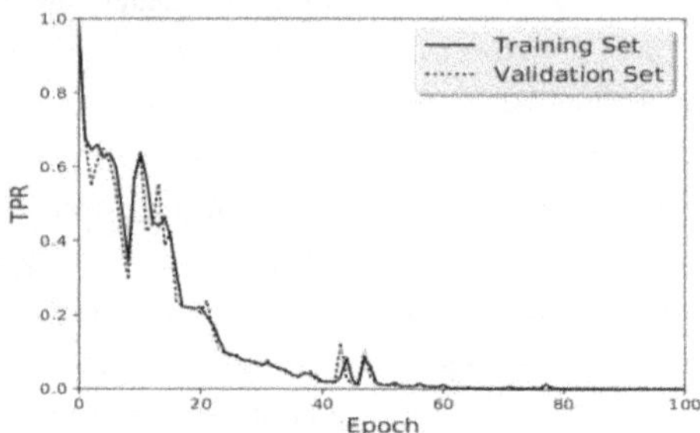

Abbildung 4.2.: Veränderung der Richtig-Positiv-Rate eines Schadsoftware-Detektors durch MalGAN (entnommen aus Hu und Tan 2017)

Die Annahmen der Entwickler von MalGAN, die den Rahmen für deren Experimente bildeten, wurden von anderen Forschern als problematisch oder unrealistisch kritisiert (vgl. Kawai, Ota und Dong 2019; Castro, Schmitt und Rodosek 2019). Motiviert durch MalGAN erfolgten in den letzten Jahren weitere Forschungen, die im Folgenden zusammenfassend dargestellt werden. Diese Ansätze zeichnen sich durch realistischere Annahmen hinsichtlich des Wissens eines Angreifers über ein anzugreifendes System sowie durch hohe Umgehungsraten an getesteten Systemen aus.

Als Verbesserung wurde ein auf MalGAN basierendes Modell vorgeschlagen, bei dem die Ausführung der Detektoren extern erfolgt und lediglich die Ergebnisse importiert werden (vgl. Kawai, Ota und Dong 2019). Weiterhin wird die Anzahl der betrachteten Merkmale von Application Programming Interfaces (API) nicht begrenzt und sowohl für MalGAN, als auch den Black-Box-Detektor unterschiedliche Trainingsdatensätze verwendet, da nicht davon ausgegangen werden kann, dass diese identisch sind. Außerdem wird nur eine originale Schadsoftware benutzt. Der vorgeschlagene Ansatz hatte aufgrund der Verwendung von mehr API-

Merkmalen zur Folge, dass sowohl die Leistung der Detektoren, als auch die von MalGAN erhöht werden konnte.

Rigaki und García stellen einen Ansatz vor, bei dem zur effektiveren Verschleierung der Kommunikation von Schadsoftware mit einem Command-and-Control-Server der Netzwerkverkehr eines Facebook-Chats mithilfe eines GAN nachgeahmt wird (vgl. Rigaki und García 2018). Dazu wird ein GAN mit Merkmalen von durch einen Facebook-Chat generierten Netzwerkverkehr gespeist, mit dessen Ausgabeparameter der Datenverkehr des Schadporgramms so angepasst wird, dass keine Erkennung durch ein Überwachungssystem erfolgen kann.

Die Entwickler eines als GAPGAN bezeichneten Modells führen bei der Generierung adversarialer Beispiele Merkmalsänderungen auf Byte-Ebene durch (vgl. J. Yuan u. a. 2020). Hierbei werden Schadprogramme erzeugt, die mit einer Wahrscheinlichkeit von 100% ein Erkennungssystem umgehen können, indem Nutzdaten angefügt werden, die lediglich 2,5% der Gesamtgröße ausmachen. Dabei bleibt die Funktionalität weiterhin gegeben.

Das Konzept von E-MalGAN zielt explizit auf den mobilen Anwendungsbereich anhand des Betriebssystems Android ab (vgl. H. Li u. a. 2020). Es wird die Umgehung von mit einer Firewall ausgestatteten Erkennungssystemen in Android untersucht, deren Effizienz bis zu 95% beträgt.

Das von Shahpasand u.a. entwickelte Modell wird ebenfalls gegen Schadsoftware-Detektoren für Android eingesetzt und erzielt Umgehungsraten von bis zu 99% (vgl. Shahpasand u. a. 2019).

Die Autoren von MalFox beschreiben ein Konzept, bei dem zusätzlich zum Generator, Diskriminator und Black-Box-Detektor ein Portable Executable (PE)-Parser und PE-Editor implementiert werden (vgl. Zhong u. a. 2020). Die Aufgabe des PE-Parsers ist es, dynamische Programmbibliotheken und Systemfunktionen aus gutartiger und schadhafter Software zu extrahieren, um aus diesen Daten einen Merkmalssatz zu erstellen. Infolgedessen wird Software durch einen Vektor gekennzeichnet, der dem Vorhandensein oder Fehlen von Merkmalen entspricht. Der Generator nimmt einen solchen Merkmalsvektor und Vektoren eines Zufallsrauschens als Eingabe und stellt als Ausgabe eine Implementierungsvorschrift bereit, auf Grundlage welcher der PE-Editor die adversarialen Beispiele erstellt. Diese werden einem Black-Box-Detektor zugeführt, anhand dessen Ausgabe der Diskriminator und Generator angepasst werden. Die Experimente mit diesem Ansatz haben gezeigt, dass die Erkennungsrate von Schadsoftware um bis zu 61% gesenkt werden konnte. Demnach konnten durch VirusTotal, einen Online-Dienst, der über 70 verschiedene Schadsoftware-Detektoren zusammenfasst, Ausweichraten von 74,6% erzielt werden. Dies ist bemerkenswert, da einerseits mit MalFox erstellte Schadsoftware funktionsfähig ist und andererseits durch den Großteil der verschiedenen Detektoren, keine Klassifizierung als Schadprogramm erfolgte.

Neben der Implementierung eines Black-Box-Detektors in ein GAN-Modell gibt es auch Ansätze, die auf diesen Zusatz verzichten. Dabei handelt es sich entweder um eine einfachere Herangehensweise, bei der adversariale Beispiele ohne Anpassung an einen entsprechenden Detektor erstellt werden oder um komplexere Architekturen, in denen das GAN-Modell eingebettet ist.

Mit der Verwendung eines fvGAN wurde ein Konzept ohne Black-Box-Detektor vorgestellt, dessen Hauptaugenmerk auf Umgehungsangriffe gegen Klassifikatoren für Portable Document Format (PDF)-Dateien liegt, indem bei der Erstellung von adversarialen Beispielen zusätzliche Merkmale in schadhafte PDF-Dateien eingefügt werden (vgl. Y. Li u. a. 2020). Es wurde hierbei gezeigt, dass eine Fehlklassifizierung von 100% möglich ist.

Die Autoren von GANG-MAM beschreiben eine Architektur, bei der automatisiert Merkmale von Android-Schadsoftware extrahiert und generiert werden (vgl. Renjith u. a. 2021). Die daraus synthetisierte Schadsoftware wird anschließend so modifiziert, dass sie in einem Validierungsprozess als gutartig eingestuft wird. Innerhalb dieser vier Phasen wird bei der Generierung neuer Merkmalsvektoren ein GAN eingesetzt. Das Modell wurde lediglich auf seine Funktionalität und zeitliche Effizienz bei der Generierung von adversarialen Beispielen untersucht.

4.2. Defensive Verwendung von GAN's

Die Mehrheit der wissenschaftlichen Arbeiten, die einen defensiven Einsatz von GANs untersuchen, konzentriert sich auf Verfahren, bei denen Schadprogramme in Bilddateien konvertiert werden, anhand derer eine Klassifizierung erfolgt. In diesem Kontext werden GANs dazu verwendet, die Quantität eines Trainings-datensatzes zu erweitern, indem zu einem gegebenen Schadsoftware-Bild ähnli-che Varianten erzeugt werden. Diese Methode ist zielführend, da innerhalb einer Schadsoftware-Familie deutliche visuelle Ähnlichkeiten in der Bildtextur existie-ren, wie Abbildung 4.3 veranschaulicht (vgl. Nataraj u. a. 2011, S. 1). Die Konver-tierung von Schadsoftware in Bilder zeichnet sich zudem im Vergleich mit anderen Methoden, wie der Analyse innerhalb einer Sandbox, durch eine schnellere Bear-beitungszeit aus (vgl. Kargaard u. a. 2018, S. 4).

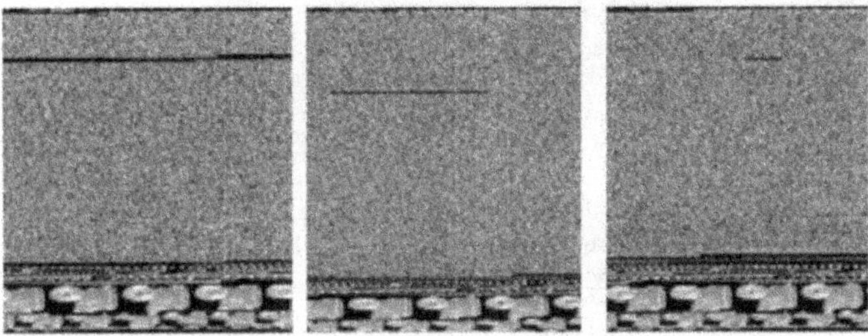

Abbildung 4.3.: Bilder verschiedener Varianten der Schadprogrammfamilie Fake-rean (entnommen aus Nataraj u. a. 2011)

Für die Konvertierung eines Schadprogramms in eine Bilddatei wird dessen Bi-närcode als Vektoren organisiert und in einem zweidimensionalen Array zusam-mengefasst (vgl. Nataraj u. a. 2011). Wie in Abbildung 4.4 dargestellt, kann bei-spielsweise aus einem einzelnen 8-Bit-Vektor ein Pixel mit 255 Graustufen erzeugt werden. Die Zusammensetzung der einzelnen als Pixel dargestellten Vektoren er-gibt das gesamte Schadsoftware-Bild. Anschließend erfolgt je nach beschrieben Ansatz eine Reduzierung des Bildes unter Beibehaltung der markantesten Muster

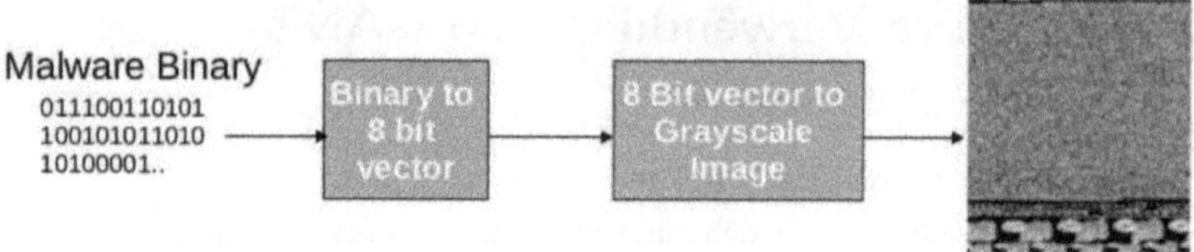

Abbildung 4.4.: Konvertierung einer Schadsoftware-Binärdatei in ein Graustufen-
bild (entnommen aus Nataraj u. a. 2011)

auf eine festgelegte Größe. Durch dieses Verfahren wird ein Trainingsdatensatz er-
stellt, mit dem zunächst ein GAN trainiert wird. Die durch das GAN synthetisierten
Bilder dienen dann wiederum der Erweiterung der Trainingsdatenmenge für einen
Schadsoftware-Detektor.

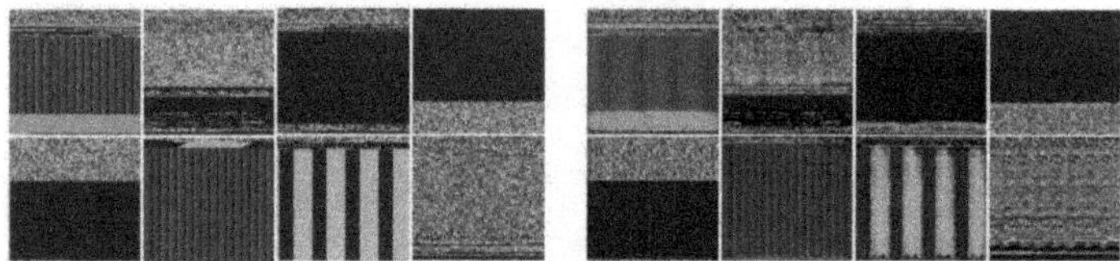

Abbildung 4.5.: Beispiele von echten Schadsoftware-Bildern (links) und die darauf
basierenden, von einem GAN erzeugten Bilder (rechts) (entnom-
men aus Won, Y.-N. Jang und Lee 2022)

Die ausgewerteten wissenschaftlichen Beiträge, die sich auf die Erzeugung von
Schadsoftware-Bildern beziehen, unterscheiden sich durch folgende Merkmale:

- Die in der Gesamtarchitektur verwendete GAN-Variante

- Umfang und Quelle der verwendetet Schadsoftware

- Format der Bilddateien (Größe und Farbgebung)

- Experimentierumgebung und Resultate

Die tabellarische Zusammenfassung (4.1) gibt hierzu einen Überblick.

Tabelle 4.1.: Übersicht GAN-basierter Modelle zur Schadsoftware-Erkennung anhand von Bildern (eigene Darstellung)

GAN-Modell	Schadsoftware Datensatz	Bildformat	Klassifizierungs-genauigkeit	Literatur
tGAN mit Autoencoder	Kaggle BIG 2015	Ø-Größe aller Bilder, RGB	96% Genauigkeit	(Kim, Bu und Cho 2017)
tDCGAN mit Autoencoder	Kaggle BIG 2015	63 × 135, RGB	95% Genauigkeit	(Kim, Bu und Cho 2018)
LSC-GAN mit Variations-Autoencoder	Kaggle BIG 2015	256 × 128, RGB	96.97% Genauigkeit	(Kim und Cho 2018)
GAN und Variations-Autoencoder getrennt	Malimg	32 × 32, RGB	Verbesserung um 2% (VAE) und 6% (GAN)	(Burks u. a. 2019)
DCGAN	Malimg	32 × 32, RGB	Verbesserung um 6%	(Lu und J. Li 2019)
GAN und CNN	Kaggle BIG 2015	256 × 256, grau, globale und lokale Merkmale in einem Bild	Genauigkeit 97% verschleiert, 100% unverschleiert	(S. Jang, S. Li und Sung 2020)
AC-GAN	Malimg und MalExe	32 × 32, 64 × 64, 128 × 128, grau	95% Genauigkeit, sinkt mit zunehmender Bildgröße	(Nagaraju und Stamp 2021)
DCGAN, LSGAN, WGAN-GP, E-GAN	MS malware und Malimg	128 × 128, RGB	98,65% Ø-Genauigkeit der vier Modelle	(Won, Y.-N. Jang und Lee 2022)
MDGAN	DREBIN	224 × 224, grau	96,2% Genauigkeit	(Alotaibi und Fawad 2022)
MTFD-GAN	DREBIN	256 × variabel, grau	95,24% Genauigkeit	(Yang, Deng und Han 2022)

Ein weiterer wissenschaftlicher Artikel, der sich nicht auf die Erkennung von Schadsoftware anhand von Bildern bezieht, beschreibt ein als LSGAN-AT bezeichnetes Modell (Wang u. a. 2021). Dieses besteht aus einem Least-Square-Modul (LSM) sowie einem Adversarial-Training-Modul (ATM). Das LSM stellt eine Verbesserung eines regulären GAN dar, bei der die Verlustfunktion nach der mathematischen Methode der kleinsten Quadrate ermittelt wird, um einen stabileren Lernprozess des GAN zu ermöglichen. Dieses Modul enthält, ähnlich wie MalGAN, neben dem Generator und dem Diskriminator einen Detektor. Die in diesem Modul generierten Schadprogramme werden dem ATM übergeben, das einen eigenständigen Schadsoftware-Detektor trainiert. Das Ergebnis ist zum einen ein Schadsoftware-Detektor, der 65% der synthetischen und 97% der echten Schadprogramme erkennt. Andererseits kann in den dargestellten Experimenten mithilfe der synthetisierten Schadprogramme die Erkennungsleistung anderer Systeme auf 0% gesenkt werden, was LSGAN-AT auch für einen offensiven Einsatz attraktiv macht.

Im von Moti u.a. beschriebenen Ansatz wird ein GAN verwendet, um aus zuvor extrahierten Datei-Headern gutartiger und schadhafter Programme neue Signaturen zu generieren, die den Trainingsdatensatz eines signaturbasierten Schadsoftware-Detektors erweitern. Die Erkennungsleistung konnte hierbei um 4% gesteigert werden (Moti u. a. 2021).

Eine Methode, bei der ein GAN zur Datenerweiterung innerhalb einer Architektur verwendet wird, die mithilfe eines tiefen neuronalen Netzes potenzielle Schadsoftware entrauscht und somit erkennbar macht, wird von Zhang u.a. beschrieben (Zhang u. a. 2021). Hierfür werden auf Grundlage binärer Merkmale von Windows-Dateien adversariale Beispiele erzeugt, deren Verwendung beim adversarialen Training des tiefen neuronalen Netzes zu einer Erkennungsrate von über 90% bei experimentell durchgeführten Angriffen auf eben dieses führen.

4.3. Hypothesenaufstellung

Aus dem erarbeiteten Stand der Forschung sollen nun Hypothesen abgeleitet werden. Dabei handelt es sich um Vermutungen zum betrachteten Sachverhalt in Form von Aussagen, die einen Zusammenhang zwischen mindestens zwei Variablen fordern (vgl. Raithel 2008, S. 14). Laut Kornmeier muss die Formulierung einer Hypothese allgemeingültig, objektiv, präzise, empirisch messbar und falsifizierbar sowie theoretisch fundiert und widerspruchsfrei sein (vgl. Kornmeier 2021, S. 131). Gemäß der Forschungsfrage werden die Hypothesen hinsichtlich der Nutzungspotenziale und der Herausforderungen, welche die Verwendung von GANs bei der Schadsoftware-Erkennung mit sich bringen könnten, aufgestellt.

1. Sowohl die offensiv als auch defensiv motivierten Beiträge geben als Ergebnis eine hohe Umgehungsrate beziehungsweise Klassifizierungsleistung wieder. Demnach erscheint eine Nutzung von GANs aus beiden Perspektiven sinnvoll.

   Die Verwendung von GANs zur und gegen Schadsoftware-Erkennung wird in den nächsten Jahren an Bedeutung gewinnen. (H1)

2. Es wurde gezeigt, dass die Nutzung von GANs die Möglichkeit bietet, in kurzer Zeit eine Vielzahl von Schadprogrammen oder Trainingsdaten zu generieren.

   Die Qualität hinsichtlich der Umgehungsleistung, aber vor allem die Quantität von in Umlauf gebrachter Schadsoftware wird durch die Nutzung von GANs noch schneller zunehmen. Gleichzeitig steigt die Leistung von Erkennungssystemen zu deren Abwehr. (H2)

3. Neben umfangreichen Kenntnissen über Schadsoftware und Sicherheitslösungen erfordert die Nutzung von GANs aufgrund der Komplexität und der verschiedenen Ansätze zusätzlich Fachexpertise in diesem Gebiet.

Das Anforderungsprofil von Entwicklern von Schadsoftware-Detektoren wird durch die Nutzung von GANs komplexer. (H3)

4. Ein wesentlicher Aspekt beim Training eines GAN zur Nutzung für Umgehungsangriffe ist der Kenntnisstand über das Modell des anzugreifenden Schadsoftware-Detektors. Demnach sollte die Begrenzung einer Informationsgewinnung über ein solches Modell im Interesse der Entwickler sein.

Zur Abwehr von durch GANs erstellter Schadsoftware werden Methoden zur Modellverschleierung umfangreicher. (H4)

5. Für das adversariale Training von Schadsoftware-Dektoren können in Abhängigkeit des verwendeten Modells Daten wie Schadsoftware-Bilder verwendet werden, die für offensive Anwendungen nutzlos sind. Entwicklern von Sicherheitslösungen bieten sich somit zusätzliche Möglichkeiten, um ihre Systeme zu härten.

Die defensive Nutzung von GANs bietet gegenüber einer offensiven Nutzung einen breiteren Anwendungsbereich und damit mehr Nutzungspotenziale. (H5)

6. Die Funktionalität synthetischer Schadprogramme kann nicht pauschal angenommen werden. Daher ergibt sich für offensive Anwender möglicherweise ein Mehraufwand aufgrund der Validierung dieser Schadprogramme.

Die Sicherstellung der Synthese von funktionierenden Schadprogrammen stellt für kriminelle Anwender einen Mehraufwand dar. (H6)

7. Der Umstand, dass Umgehungsangriffe auf ähnliche Modelle innerhalb eines Aufgabenbereiches übertragbar sind, kann die Erfolgsrate von Angriffen auch ohne Kenntnisse über diese Modelle steigern.

Die Übertragbarkeit von Umgehungsangriffen begünstigt die offensive Nutzung von GANs gegen Schadsoftware-Erkennungssysteme. (H7)

5. Evaluation der Untersuchungsergebnisse

Zur Vorbereitung der Beantwortung der Forschungsfrage werden zunächst die aufgestellten Hypothesen überprüft. Als Argumentationsgrundlage werden hierfür die extrahierten Informationen und deren Kausalbeziehungen aus den Expertenbefragungen verwendet. Am Ende des Kapitels wird unter Zuhilfenahme aller vorliegenden Erkenntnisse explizit auf die Forschungsfrage eingegangen.

5.1. Überprüfung der Hypothesen

Überprüfung der Hypothese H1

Die Verwendung von GANs zur und gegen Schadsoftware-Erkennung wird in den nächsten Jahren an Bedeutung gewinnen.

Ein möglicher zukünftiger Bedeutungsgewinn von GANs für defensive und offensive Szenarien lässt sich aus den geschilderten Sachverhalten über die derzeitige praktische Anwendbarkeit von GANs (vgl. A.20 f.), den Vergleich von GAN-basierten Detektoren mit etablieren Erkennungsansätzen (vgl. A.24), den vorgeschlagenen Anwendungsmöglichkeiten (vgl. A.25) sowie der zukünftigen Berücksichtigung bei Entwicklungen (vgl. A.27) und der kriminellen Nutzung (vgl. A.29) ableiten. Demnach wird nachfolgend eine Zusammenfassung der aus den einzelnen Kategorien gewonnenen Erkenntnisse dargestellt, um die Hypothese verifizieren oder falsifizieren zu können.

5. Evaluation der Untersuchungsergebnisse

Begünstigungen zur praktischen Anwendbarkeit von GANs lassen sich lediglich aus einer Entwicklung zur erhöhten Trainingsstabilität und einem besseren Verständnis bei der Vorbereitung von Trainingsdaten ableiten. Dem gegenüber stehen zahlreiche Argumente bezüglich aktuellen Einschränkungen, die defensive und offensive Anwendungspotenziale gleichermaßen betreffen, beispielsweise die Schwierigkeit bei der Erzeugung funktionierender Programme, deren aufwändigen Validierung, die Komplexität des Trainingsprozesses von GANs sowie die Unterschiede zwischen der realen und realitätsfernen Verteilungen und das daraus resultierende Verfälschen von Detektoren beim adversarialen Training mit synthetischen Daten. Leistungssteigerungen von Schadsoftware-Detektoren wurden entweder im experimentellen Umfeld oder nur im geringen Maße festgestellt. Darüber hinaus beziehen sich die meisten Argumente hierfür auf vermutete zukünftige Entwicklungen, die weitere Fortschritte in der Forschung voraussetzen. Aktuelle Einschränkungen bei der Leistungssteigerung von Schadsoftware-Detektoren durch den Einsatz von GANs ergeben sich durch kontraproduktive Ergebnisse beim adversarialen Training, einem generellen Zweifel an dessen Sinnhaftigkeit aufgrund von Verteilungsverschiebungen und der Unzulänglichkeit von GANs, funktionierende Binärdateien zu erzeugen. Beim Vergleich mit anderen ML-basierten Klassifizierungstechniken wurde eine Konkurrenzfähigkeit hinsichtlich der Erkennungsleistung festgestellt, allerdings muss hierbei eine Nähe zu realen Bedingungen in Frage gestellt werden. Aus den beschriebenen Anwendungsmöglichkeiten von GANs lassen sich Potenziale bei der Datensatzerweiterung, der Modellierung von gutartigem und schadhaftem Programmverhalten, Testmöglichkeiten für Detektoren mittels synthetischer Daten und Unterstützungsansätze zur Verringerung der Abweichung zwischen Trainingsverteilungen und der realen Verteilung von Schadsoftware ableiten. Bezüglich einer Berücksichtigung von GANs bei Entwicklungen werden seitens der befragten Experten für die Zukunft unspezifische Erwartungen zu weiteren Fortschritten in der Forschung geäußert. Insgesamt ist ein Bedeutungsgewinn von GANs im Kontext der Schadsoftware-Erkennung vor allem aufgrund der aktuellen technischen Herausforderungen nicht festzustellen. Dennoch sind die Erwartungshaltungen diesbezüglich hoch und einige der befragten Experten sind davon überzeugt, dass zukünftig ein Bedeutungszuwachs von GANs zur und gegen Schadsoftware-Erkennung erfolgen wird.

Überprüfung der Hypothese H2

Die Qualität hinsichtlich der Umgehungsleistung, aber vor allem die Quantität von in Umlauf gebrachter Schadsoftware wird durch die Nutzung von GANs noch schneller zunehmen. Gleichzeitig steigt die realistische Leistung von Erkennungssystemen zu deren Abwehr.

Einschätzungen über den Zuwachs der Qualität der Umgehungsleistung und der Quantität von in Umlauf gebrachter Schadsoftware durch eine Nutzung von GANs kann aus den Sachverhalten innerhalb der Kategorien der praktischen Anwendbarkeit (vgl. A.20 f.) und der kriminellen Nutzung von GANs (vgl. A.28 ff.) abgeleitet werden. Über eine erwartete Leistungssteigerung der Erkennungssysteme geben die Erkenntnissen aus der gleichnamigen Kategorie Aufschluss (vgl. A.22 f.).

Aktuell liegen keine Erkenntnisse vor, die darauf schließen lassen, dass GAN-generierte Schadsoftware existiert oder überhaupt erstellt werden kann. Das hängt vor allem damit zusammen, dass einerseits Rückschlüsse auf eine Erzeugung der Schadsoftware durch ein GAN nicht möglich zu sein scheinen, da es keine Anhaltspunkte für eine Unterscheidung von herkömmlicher Schadsoftware gibt. Andererseits ist es bisher technisch schwierig oder sogar unmöglich, zuverlässig und ohne aufwändigem Validierungsprozess funktionierende Binärdateien mit GANs zu erzeugen. Hinzukommt, dass etablierte offensive Ansätze derzeit weniger ressourcenintensiv und erfolgsversprechender bei der Umsetzung von kriminellen Zielen sind. Seitens der Experten wird bezweifelt, dass ein Anstieg der Qualität und Quantität von Schadsoftware durch GANs in Zukunft erfolgen wird, solange keine ausführbaren Programme effizient synthetisiert werden können. Da allerdings eine weitere Entwicklung von GANs erwartet wird, ist dies auch nicht auszuschließen.

Bei der Leistungssteigerung von Schadsoftware-Detektoren verhält es sich ähnlich. Zwar wurde bei aktuellen Forschungen eine hohe Klassifizierungsrate nachgewiesen, allerdings entsprechen die experimentellen Umgebungen aufgrund der

Verwendung eines zu kleinen Datensatzes, der die reale Verteilung von Schadprogrammen nur bruchteilhaft abbildet, wenig den realen Anforderungen. Ein adversariales Training mit synthetischen Daten scheint in realen Szenarien kein förderlicher Ansatz zu sein, da dieses aufgrund einer starken Ähnlichkeit der erzeugten Daten mit den ursprünglichen Trainingsdaten lediglich eine Akkumulation von weiteren Trainingsepochen auf demselben Datensatz darstellt. Dies kann außerdem eine Verfälschung der Entscheidungsgrenze eines Detektors durch eine Verteilungsverschiebung verursachen, was eine Verschlechterung der Klassifizierungsleistung zur Folge hat. Eine gezielte Erkennung von qualitativ hochwertiger GAN-generierter Schadsoftware scheint, wie im letzten Absatz beschrieben, nicht möglich zu sein. Trotz der Einschränkungen werden zukünftig Entwicklungen erwartet, die eine Leistungssteigerung von Schadsoftware-Detektoren begünstigen könnten, beispielsweise durch die Modellierung von Programmverhalten oder gutartigen Daten, mit denen Falsch-Positiv-Raten minimiert werden können.

Überprüfung der Hypothese H3

Das Anforderungsprofil von Entwicklern von Schadsoftware-Detektoren wird durch die Nutzung von GANs komplexer.

Eine Einordnung von H3 erfolgt auf Grundlage der Kategorie, die mögliche Auswirkungen der Verwendung von GANs auf das Tätigkeitsprofil von Experten beschreibt (vgl. A.33).

Die größte Herausforderungen für Schadsoftware-Experten im Kontext der Nutzung von GANs ist die aufwändige Sicherstellung der Validität und Qualität generierter Daten. Zur Optimierung des Validierungsprozesses müssen Werkzeuge wie zuverlässige Klassifikatoren für Binärdateien und Quellcodes entwickelt werden, da der Ressourcenaufwand für eine händische Überprüfung synthetischer Programme zu hoch ist. Zusätzliche Anforderungen für das Tätigkeitsprofil von Fachpersonal werden seitens der befragten Experten nicht formuliert.

Überprüfung der Hypothese H4

Zur Abwehr von durch GANs erstellter Schadsoftware werden Methoden zur Modellverschleierung umfangreicher.

Aussagen zur Modellverschleierung und möglichen Modellapproximation für eine offensive Nutzung von GANs werden in den Unterkategorien der kriminellen Nutzung von GANs getätigt, welche die aktuelle Lage (vgl. A.28), Einschränkungen (vgl. A.31) und Gegenmaßnahmen (vgl. A.32) thematisieren.

Die Möglichkeiten der Extraktion verschiedener Modellparameter sind bereits stark eingeschränkt. Grund hierfür sind die begrenzten Interaktionsmöglichkeiten eines Angreifers mit einem Schadsoftware-Erkennungssystem, das sich als Black-Box darstellt. Durch die Zusammensetzung verschiedener Komponenten und Technologien innerhalb eines solchen Systems ist zudem nicht nachvollziehbar, wodurch eine Klassifizierung der Eingabedaten erfolgte, falls ein Zugriff auf die Klassifizierungsergebnisse überhaupt möglich ist. Damit wird auch eine zielführende Konfiguration eines Ersatzdetektors zur Vorbereitung eines Generierungsprozesses von adversarialen Beispielen unmöglich. Eine solche Vorgehensweise steht für einen Angreifer in keinem Verhältnis zu den eingesetzten Ressourcen. Ein Ausbau von Techniken zur Modellverschleierung im Kontext der kriminellen Nutzung von GANs ist demnach nicht zu erwarten.

Überprüfung der Hypothese H5

Die defensive Nutzung von GANs bietet gegenüber einer offensiven Nutzung einen breiteren Anwendungsbereich und damit mehr Nutzungspotenziale.

Eine Einschätzung und ein Vergleich von offensiven und defensiven Nutzungspotenzialen wird auf Grundlage der berichteten Sachverhalte in den Kategorien bezüglich der verschiedenen Anwendungsmöglichkeiten (vgl. A.25), der Anwendung und Berücksichtigung bei Entwicklungen (vgl. A.26 f.) und der kriminellen Nutzung (vgl. A.28 ff.) vorgenommen.

Die Möglichkeiten, die der Einsatz von GANs mit sich bringt, ergeben sich aus den Zielen einer defensiven oder offensiven Nutzung. Defensive Nutzungsszenarien können die Modellierung von schadhaftem oder gutartigen Programmverhalten, die Erzeugung von Datensätzen für Testzwecke oder Unterstützungsaufgaben wie Subsampling, Knowledge Destillation und die Überprüfung von gelabelten Daten beinhalten, um einen Erkenntnisgewinn über Modelle und Abläufe zu erhalten und diese zu optimieren. Dabei ist den Entwicklern die Architektur der betreffenden Modelle im Sinne einer White-Box offengelegt. Im Gegensatz hierzu verfolgen Angreifer das Ziel, unentdeckbare und funktionsfähige Schadprogramme einzetzen. Zur Erzeugung solcher Programme mithilfe von GANs ist ein möglichst effizienter und an einem realen Schadsoftware-Detektor hinreichend approximierter Ersatzdetektor sowie eine ressourcensparende Validierung der generierten Daten notwendig. Diese beiden Voraussetzungen können aktuell als nicht gegeben angenommen werden. Die bisherigen Ansätze aus der Forschung, bei denen eine Verschleierung von gegebenen funktionierenden Schadprogrammen erfolgt, indem Merkmalsvektoren von bestimmten Modellen geändert oder trivialer Code an Dateien angefügt wird, scheinen einer Konfrontation mit realen Bedingungen und Schadsoftware-Detekotren nicht standhalten zu können. Während aktuell die offensiven Nutzungspotenziale verschiedenen Schwierigkeiten unterliegen, könnten defensive Anwendungen als Unterstützungsprozesse zur Verbesserung von Sicherheitslösungen einfacher realisiert werden. Allerdings wird auch hier die zukünfgtige Entwicklung zeigen, inwieweit dieses Ungleichgewicht bestehen bleibt. Es leitet sich aus den von den Experten dargelegten Sachverhalten der Entschluss ab, dass derzeit die defensive Nutzung von GANs gegenüber einer offensiven Nutzung einen breiteren Anwendungsbereich und damit mehr Nutzungspotenziale bietet.

Überprüfung der Hypothese H6

Die Sicherstellung der Synthese von funktionierenden Schadprogrammen stellt für kriminelle Anwender einen Mehraufwand dar.

In den Kategorien zu den aktuellen Einschränkungen bei der praktischen Anwendbarkeit (vgl. A.21) und kriminellen Nutzung von GANs (vgl. A.31) äußern die befragten Experten die nachfolgend zusammengefassten Einschätzungen hinsichtlich der Hypothese H6.

Die Erzeugung funktionierender Dateien setzt voraus, dass der zugrunde liegende Binärcode fehlerfrei ist. Bereits ein falsch implementiertes Bit kann dazu führen, dass ein Programm nicht ausführbar ist. Eine korrekte Implementierung kann allerdings bei einer Datensynthese mittels GANs nicht pauschal vorausgesetzt werden, weshalb die Ausgaben aufwändig getestet werden müssen. Da es derzeit noch keine qualifizierten Binärcode-Klassifikatoren zu geben scheint, bedarf diese Aufgabe weiterhin einer manuellen Durchführung. Weitere Schwierigkeiten bestehen im Generierungsprozess selbst. Zunächst ist die erzeugte Verteilung abhängig von den verfügbaren Trainingsdaten, wobei eine geringe Quantität eine Überanpassung des Diskriminators zur Folge haben kann. Weitere Probleme sind ein möglicher Moduskollaps, bei dem der Generator Beispiele mit einer sehr geringen Varietät erzeugt oder das Verschwinden des Gradienten, bei dem der Diskriminator zu optimal trainiert ist und dem Generator keine hinreichenden Gradienteninformationen zur Verfügung stellt. Der Ansatz, bestehende Schadsoftware mittels GANs zu Transformieren, wird als zu schwach eingeschätzt, um eine Erkennung effektiv umgehen zu können, zumal auch hierbei ein Validierungsprozess nicht entfällt. Es ist also festzustellen, dass die Synthese von Schadprogrammen aufgrund verschiedener technischer Hürden ressourcenintensiv oder unmöglich sowie wenig erfolgsversprechend und damit zumindest aktuell im Vergleich mit anderen Angriffsvektoren für Angreifer unattraktiv ist.

Überprüfung der Hypothese H7

Die Übertragbarkeit von Umgehungsangriffen begünstigt die offensive Nutzung von GANs gegen Schadsoftware-Erkennungssysteme.

Die Ausführungen der befragten Experten innerhalb der Kategorie der kriminellen Nutzung (vgl. A.28 ff.) ordnen H7 entsprechend der nachfolgenden Zusammenfassung ein.

Umgehungsangriffe mit adversarialen Beispielen setzen trotz ihrer theoretischen Übertragbarkeit auf andere ML-Modelle voraus, dass eine hinreichende Approximation eines Ersatzdetektors an einen realen Schadsoftware-Detektor erfolgt ist, um eine effiziente Synthese von Schadprogrammen mithilfe eines GAN durchführen zu können. Nach wie vor hängt der Erfolg eines Umgehungsangriffes und dessen Übertragbarkeit von der erfolgreichen Generierung von ausführbaren Schadprogrammen ab, was derzeit nicht realisierbar zu sein scheint. Derzeit ist eine mögliche Übertragbarkeit von Umgehungsangriffen mit GANs-generierten adversarialen Beispielen kein Bedrohungsszenario und begünstigt oder motiviert demnach nicht zu einer offensiven Nutzung von GANs. Als zukünftiges Szenario wird dies allerdings nicht ausgeschlossen.

5.2. Beantwortung der Forschungsfrage

Die Forschungsfrage *Inwieweit hat der Einsatz von GANs Einfluss auf die Entwicklung von Systemen und Strategien, die zur Erkennung von Schadsoftware genutzt werden?* Und daraus abgeleitet: *Welche Nutzungspotenziale und Herausforderungen ergeben sich hieraus?* wird anhand der gewonnen Erkenntnisse aus den Expertenbefragungen, deren aufgezeigten Kausalzusammenhänge, den Ergebnissen aus den Überprüfungen der Hypothesen und den theoretischen Vorüberlegungen zusammengefasst beantwortet. Dabei wird zunächst speziell auf aktuelle und zukünftige Nutzungspotenziale und Herausforderungen durch den Einsatz von GANs bei der Schadsoftware-Erkennung eingegangen. Hieraus ergibt sich abschließend der derzeitige und zukünftig erwartete Einfluss auf Entwicklungen und Strategien von GANs im Kontext der Schadsoftware-Erkennung.

5.2.1. Nutzungsapotenziale durch den Einsatz von GANs

Aus den vorliegenden Ergebnissen der Untersuchung lassen sich verschiedene Nutzungspoteniale durch den Einsatz von GANs ableiten. Dabei handelt es sich einerseits um aktuell eingesetzte und erforschte Ansätze und andererseits um zukünftige Erwartungen im Zuge der weiteren Entwicklung und Erforschung von GANs. Der Hauptnutzen von GANs stellt die Synthese von Daten auf Grundlage einer gegebenen Datenverteilung dar, was sich auch in den nachfolgend aufgezeigten Nutzungspotenzialen zeigt. Für den defensiven Einsatz von GANs zur Schadsoftware-Erkennung ergeben sich folgende Nutzungspotenziale:

- Die Erweiterung von Datensätzen, wenn vorhandene Daten nicht im benötigten Umfang vorliegen oder diese aufgrund von Datenschutzbestimmungen nicht direkt nutzbar sind.

- Die Modellierung von gutartigen und schadhaften Verhaltensweisen und Merkmalen von Programmen für Testzwecke oder die Reduzierung der Falsch-Positiv-Raten von Schadsoftware-Detektoren.

- Der Einsatz GAN-generierter adversarialer Beispiele beim Training und zum Testen von Schadsoftware-Detektoren zum Erkenntnisgewinn über bestehende ML-Modelle.

- Die Implementierung von Unterstützungsverfahren für Datensatzoptimierungen, Subsampling, Knowledge Destillation, die Überprüfung von Labels und nicht gelabelten Daten mit dem Ziel, die Verteilungsabweichung zwischen der Trainingsverteilung und der realen Verteilung von Schadsoftware zu verringern.

Hinsichtlich der aufgeführten Nutzungsapotenziale scheinen Entwickler von Sicherheitslösungen gegenüber Kriminellen im Vorteil zu sein, da aufgrund der unterschiedlichen verfolgten Ziele andere Voraussetzungen eine Anwendung dieser Potenziale begünstigen. Entwickler von Sicherheitslösungen haben einen vollumfänglichen Zugriff auf die Systeme, die sie untersuchen und verbessern wollen. Kriminelle hingegen können sich an diesen Systemen nur sehr eingeschränkt orientieren, da eine umfangreiche Informationsgewinnung über die Zielmodelle nicht möglich ist.

In den Ausführungen der befragten Experten wird bei der Betrachtung der Nutzungspotenziale hinsichtlich einer möglichen Verbesserung der Erkennungsleistung von Schadsoftware-Detektoren durch den Einsatz von GANs immer wieder auf zukünftig erwartete Entwicklungen verwiesen. Die Nutzungspotenziale unterliegen allerdings aktuellen Einschränkungen, die im nächsten Abschnitt betrachtet werden.

5.2.2. Herausforderungen beim Einsatz von GANs

Den möglichen Nutzungspotenzialen von GANs stehen Herausforderungen durch technische Hürden, spezifische Probleme bei einer Anwendung auf Schadsoftware-Detektoren und eine mögliche kriminelle Nutzung durch offensive Verfahren gegenüber. Allgemein technische und anwendungsspezifische Probleme können wiefolgt zusammengefasst werden:

- GANs benötigen zum Erzeugen realistischer Daten eine große Trainingsdatenmenge, die jedoch nicht immer verfügbar oder ausreichend für einen optimalen Trainingsprozess aufgearbeitet ist.

5. Evaluation der Untersuchungsergebnisse

- Es ist problematisch, bei der Erzeugung von Daten die Stabilität des Trainingsprozesses sicherzustellen.

- Um die Qualität der erzeugten Daten gewährleisten zu können, ist deren aufwändige Validierung notwendig. Es gibt derzeit keine universellen und erfolgreichen Klassifizierer von binären ausführbaren Dateien oder Quellcode für Schadsoftware.

- Bei der Freigabe von Erkennungsalgorithmen für die Produktion ist die unterschiedliche Verteilung von Trainingsdatensätzen im Labor und in der realen Welt problematisch.

- Viele Ansätze aus der Forschung skalieren nicht auf reale Anwendungsfälle, sondern funktionieren nur auf beschränkten, teils künstlich erzeugten, Datensätzen.

- Systeme zur Schadsoftware-Erkennung sind komplex und beinhalten mehrere Komponenten, bei denen GANs nicht anwendbar sind.

- Das adversariale Training mit synthetischen Daten ist im Schadsoftware-Bereich nicht zielführend, da es den Klassifikator verfälschen kann. Die hohe Qualität eines Detektormodells für synthetischen Daten aus einer GAN-generierten realitätsfernen Verteilung ist für die Erkennungsleistung in der realen Welt nicht sinnvoll.

- Zum gegenwärtigen Zeitpunkt scheint es, dass die Generierung korrekter Programmlösungen für nichttriviale algorithmische Aufgaben ein ressourcenintensiver Prozess ist.

Eine offensive Nutzung von GANs durch Kriminelle scheint aktuell aus den nachfolgend aufgeführten Gründen keine Herausforderung für die IT-Sicherheit darzustellen. Sollte jedoch eine zukünftige Entwicklung diese Probleme lösen, ergeben sich neue Bedrohungsszenarien.

- Für zielführende kriminelle Anwendungen müssen Schadprogramme zwingend funktionsfähig sein. Die Sicherstellung einer entsprechenden Qualität ist derzeit sehr ressourcenintensiv oder unmöglich.

- Eine unzureichende Genauigkeit bei der Approximation eines Ersatzdetektormodells an einen realen Schadsoftware-Detektor führt aufgrund mangelnder Kenntnisse über dessen Parameter zu einer geringen Effizienz des Generierungsprozesses.

- Architekturen wie MalGAN und andere Ansätze scheinen eine andere Aufgabe als die ursprünglichen GANs zu lösen: Die Erzeugung von adversarialen Beispielen außerhalb einer gegebenen Verteilung, anstatt diese und seine Modi nachzuahmen.

- Bei den aus der Forschung vorgeschlagenen offensiven Ansätzen sind Probleme bezüglich der Stabilität des Trainings, der Varietät und des Einflusses auf die Verteilung des Quelldatensatzes nicht hinreichend untersucht. Das betrifft ebenfalls einen möglichen Moduskollaps und das Problem des verschwindenden Gradienten.

- Im Moment haben Kriminelle effizientere und ressourcensparendere Möglichkeiten, um Erkennungssysteme zu umgehen. Demnach ist eine kriminelle Nutzung von GANs für Angreifer unattraktiv.

5.2.3. Einfluss von GANs auf Entwicklungen und Strategien bei der Schadsoftware-Erkennung

Der aktuelle und zukünftige Einfluss auf Entwicklungen und Strategien durch GANs bezieht eine Betrachtung der möglichen Nutzungspotenziale und Herausforderungen dieser Technologie mit ein. Ein signifikanter Einfluss von GANs auf Entwicklungen von Schadsoftware-Erkennungssystemen kann in Anbetracht der aktuellen

5. *Evaluation der Untersuchungsergebnisse*

Herausforderungen und technischen Limitationen nicht festgestellt werden. Ein praktischer Nutzen der bisherigen Ansätze aus der Forschung ist für Entwickler von Sicherheitslösungen aufgrund der Diskrepanz zwischen den experimentellen und realen Datenverteilungen nicht gegeben. Das adversariale Training mit synthetischen Daten oder die Implementierung eines GAN-basierten Schadsoftware-Detektors wird als unvorteilhaft eingeschätzt, da hierbei durch eine Verteilungsverschiebung keine realen Bedingungen abgebildet werden können. Die einzigen Entwicklungen, die sich derzeit abzeichnen, sind eine mögliche Verwendung von GANs während der Testphase von Schadsoftware-Detektoren zur Gewinnung weiterer Erkenntnisse und der Einsatz bei der Aufbereitung von Trainingsdaten. Damit ist ein direkter Einfluss von GANs auf die Verbesserung von Schadsoftware-Detektoren nicht möglich. Weitere in Zukunft entstehende Einflüsse auf Entwicklungen von Schadsoftware-Erkennungssysteme durch GANs sind von deren eigenen Entwicklung abhängig. Hier wird aus Sicht der befragten Experten ein Forschungsfortschritt erwartet, den es zur Identifizierung weiterer Einflussmöglichkeiten abzuwarten gilt. Die kriminelle Nutzung offensiver Verfahren scheint derzeit nicht zielführend zu sein, weshalb hier aktuell kein Einfluss durch GANs festgestellt wird. Demnach entsteht aus strategischer Sicht derzeit kein Handlungsbedarf beim Entwurf von Sicherheitslösungen, die auf mögliche GAN-basierte offensive Anwendungen abzielen.

6. Diskussion und Limitationen der Untersuchungsergebnisse

Die Auswertung der Untersuchungsergebnisse und deren Einordnung entlang der Hypothesen und der Forschungsfrage haben gezeigt, dass der aktuelle Forschungsstand und die daraus hervorgehenden Anwendungsmöglichkeiten den Einsatz von GANs im Bereich der Schadsoftware-Erkennung stark begrenzen. Ein großer Einfluss durch GANs auf aktuelle Entwicklungen oder Strategien ist nicht ersichtlich. Die auf Grundlage der Literaturrecherche erdachten Annahmen und daraus aufgestellten Hypothesen zum Untersuchungsgegenstand wurden bei deren Konfrontation mit dem Expertenwissen im Rahmen der Befragungen größtenteils relativiert oder falsifiziert. Demnach ist weder eine Verbesserung der Leistung von Schadsoftware-Detektoren mittels adversarialem Training anhand synthetischer Daten, noch ein Bedrohungsmodell durch die kriminelle Nutzung GAN-generierter Schadsoftware feststellbar. Gleichzeitig wurden Sachverhalte aufgegriffen, die bei den theoretischen Vorüberlegungen nicht betrachtet wurden. Dies betrifft einerseits die Schwierigkeit der Erzeugung ausführbarer Programme mit all den skizzierten technischen Einschränkungen und andererseits das kritisierte Missverhältnis zwischen realitätsfernen Annahmen bei Forschungsarbeiten und den realen Bedingungen der Entwickler von Sicherheitslösungen. Ein möglicher Grund hierfür könnten die vergleichsweise kleinen Datensätze mit Schadsoftware-Beispielen sein, die Forscher für ihre Untersuchungen nutzen. Allerdings ist es fragwürdig, ob Entwickler von Sicherheitslösungen ihre Datensätze der externen Forschung aus Gründen des Eigenschutzes zur Verfügung stellen wollen und inwieweit diese Datenmengen durch Forscher hinreichend aufgearbeitet werden können, um hochwertige Ergebnisse zu erhalten. Weiterhin müssen die vorgestellten Ansätze bei deren Evaluierung unter realen Gegebenheiten getestet werden. Bei der weiteren Erforschung von GANs könnten Ansätze aus anderen Bereichen, wie in E5A18 dargestellt, Impulse für eine Lösung aktueller Herausforderungen geben.

7. Fazit und Ausblick

In der vorliegenden Bachelorarbeit wurden mögliche Einflüsse auf Entwicklungen von Systemen und Strategien zur Schadsoftware-Erkennung durch die Nutzung von GANs untersucht. Es erfolgte zudem eine Betrachtung der Nutzungspotenziale und Herausforderungen, die aktuell aus dieser Technologie hervorgehen und zukünftig erwartet werden. Dazu wurden mithilfe einer umfangreichen Literaturrecherche, bei der 30 wissenschaftliche Artikel über defensive und offensive Anwendungen von GANs untersucht wurden, theoretische Vorüberlegungen durchgeführt, deren Ergebnis die Formulierung von sieben Hypothesen beinhaltete. Diese dienten als Grundlage für den Entwurf eines Befragungsleitfadens, der die Datenerhebung in Form einer Expertenbefragung anleitete. Unter Verwendung der darin enthaltenen Fragestellungen wurde Expertenwissen erschlossen, mit dem einerseits die Forschungsfrage beantwortet werden konnte und andererseits neue Erkenntnisse und zuvor unbedachte Kausalzusammenhänge offengelegt wurden. Die Befragung wurde mit insgesamt fünf Experten durchgeführt, wobei zwei der Experten mehrere Forschungen zum Untersuchungsgegenstand im universitären Umfeld durchgeführt haben. Die anderen drei befragten Experten zeichnen sich durch ihre einschlägigen Tätigkeiten und Fachkenntnisse innerhalb von Unternehmen aus, die IT-Sicherheitslösungen anbieten. Dieses Verhältnis der erhaltenen Informationen aus dem Bereich der Forschung und von Fachexpertise aus Unternehmen begünstigt eine Generalisierbarkeit der Befragungsergebnisse. Die Erhebung und Evaluierung der Daten erfolgten theorie- und regelgeleitet, behielten jedoch das Prinzip der Offenheit gegenüber dem Untersuchungsgegenstand bei.

Die durchgeführte empirische Untersuchung ergab, dass die Einsatzmöglichkeiten von GANs im Bereich der Schadsoftware-Erkennung derzeit praktisch, aber auch theoretisch limitiert sind. Demnach überwiegen die aktuellen Herausforderungen gegenüber den potenziellen Nutzungsmöglichkeiten von GANs. Mögliche defensive Anwendungsbereiche von GANs richten den Fokus nicht auf die Erzeugung vollwertiger Programme, sondern auf die Synthese von gutartigen und schadhaften Merkmalen und Verhaltensweisen von Programmen. Als Hilfsmittel können GANs zudem bei der Ausschöpfung von Potenzialen zur Ressourceneinsparung während der Aufbereitung von Trainingsdaten aus der realen Datenverteilung von Schadsoftware und gutartigen Programmen beitragen, indem entsprechende Vorgänge zum Labeln und Überprüfen von Daten weiter automatisiert werden. Dem gegenüber stehen Einschränkungen technischer Natur, beispielsweise die Problematiken der Trainingsstabilität von GANs, die oftmals zu geringe Menge an Trainigsdaten und die aufwändige Sicherstellung der Qualität synthetischer Daten. Ein mögliches Bedrohungsmodell durch die kriminelle Nutzung von GANs konnte relativiert werden, da es aktuell Grund zur Annahme gibt, dass die Erzeugung von funktionsfähiger Schadsoftware mittels GANs ein ressourcenintensiver und dadurch unattraktiver Prozess für Angreifer ist. Weiterhin hat die Untersuchung Diskrepanzen zwischen Annahmen und Gegebenheiten innerhalb der Forschung und in Unternehmen aufgezeigt. Für Entwickler von Sicherheitslösungen ist es nicht zielführend, die durch ein Training mit einer realen Datenverteilung erreichte hohe Klassifizierungsleistung von Schadsoftware-Detektoren mit synthetischen, realitätsfernen Trainingsdaten zu verfälschen. Genau darauf zielen jedoch viele defensive Ansätze der Forschung ab. Für die Unternehmen hat die Optimierung von Trainings- und Labelprozessen sowie ein besseres Verständnis über Verteilungsverschiebungen eine höherere Priorität als die Erzeugung synthetischer Schadsoftware.

Eine auf dieser angefertigten Arbeit aufbauende Forschung sollte die Anforderungen von Unternehmen, die IT-Sicherheitslösungen entwickeln, beim Entwurf neuer Ansätze berücksichtigen. Demnach könnten beispielsweise GAN-basierte Verfahren entwickelt werden, bei denen Verhaltensweisen von gutartigen Programmen modelliert werden, statt diese durch aufwändige Analyseprozesse abzuleiten. Eine Weiterentwicklung von Prozessen zur effizienteren Aufarbeitung von potenziellen Trainingsdaten wäre ebenfalls zielführend. Die voranschreitende Forschung bezüglich GANs wird zeigen, ob bestehende Nutzungspotenziale ausgeschöpft und Herausforderungen beseitigt werden können.

A. Anhang

A.1. Signaturbasierte Erkennungssysteme

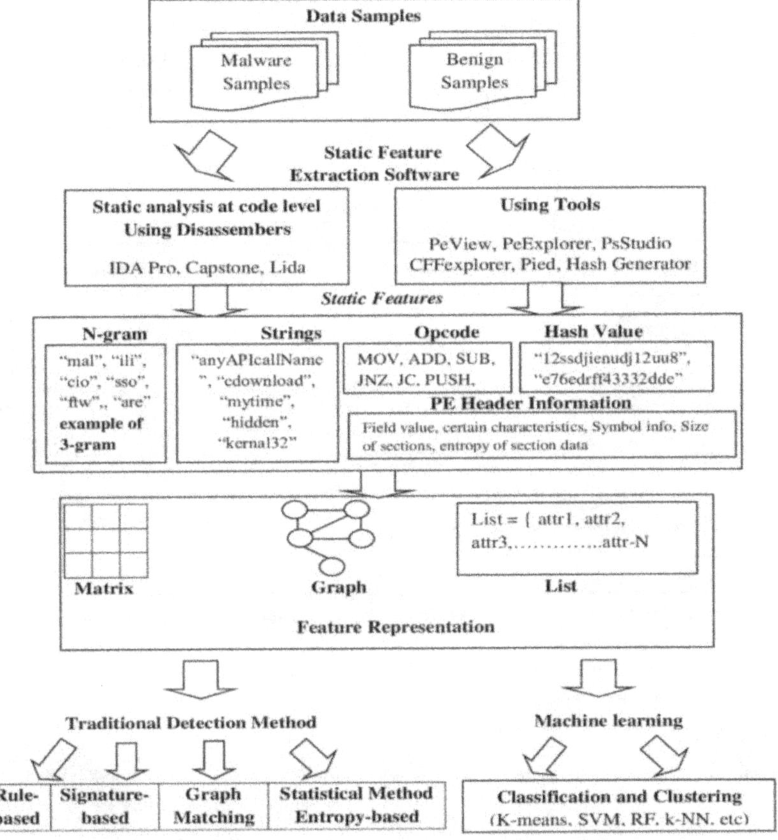

Abbildung A.1.: Schematische Darstellung signaturbasierter Erkennungssysteme (entnommen aus Jagsir Singh und Jaswinder Singh 2021)

A.2. Verhaltensbasierte Erkennungssysteme

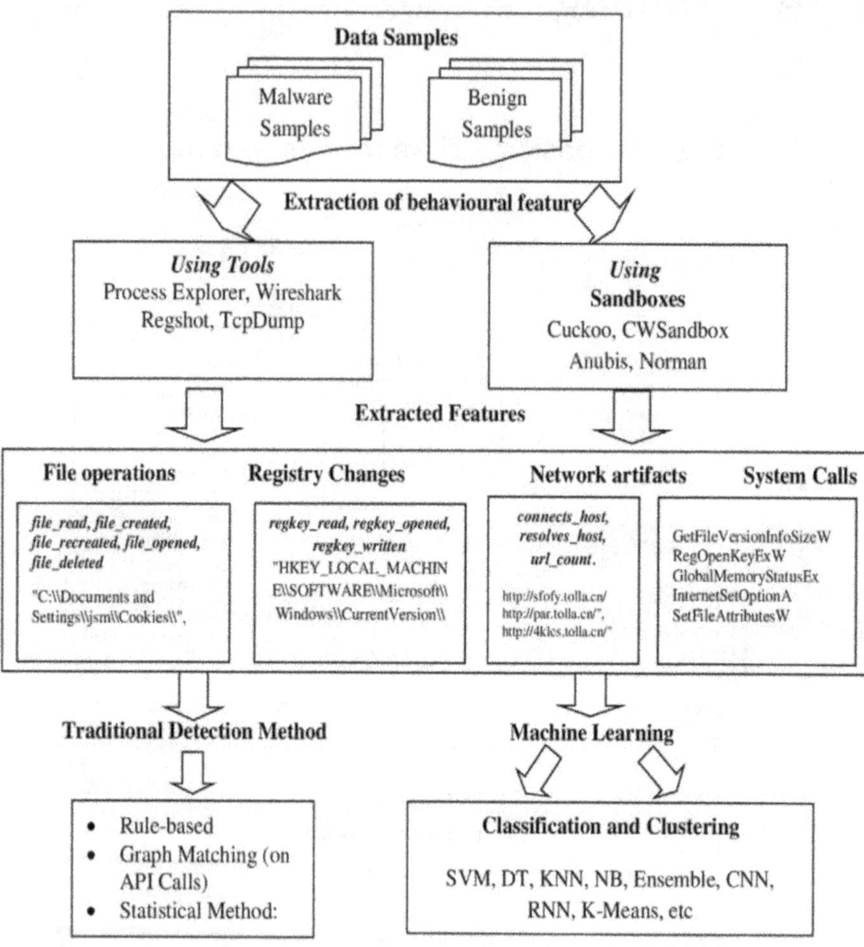

Abbildung A.2.: Schematische Darstellung verhaltensbasierter Erkennungssysteme (entnommen aus Jagsir Singh und Jaswinder Singh 2021)

A.3. Hybride Erkennungssysteme

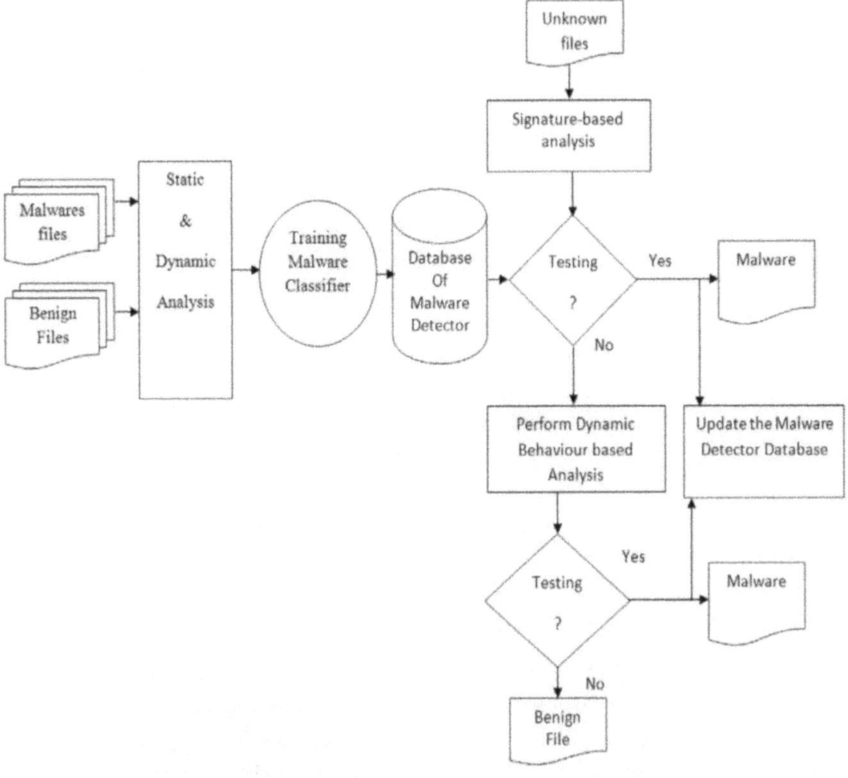

Abbildung A.3.: Schematische Darstellung hybrider Erkennungssysteme (entnommen aus Jagsir Singh und Jaswinder Singh 2021)

A.4. Leitfaden zur Expertenbefragung

Thema der Befragung

Generative Adversariale Netzwerke in der IT-Sicherheit: Nutzungspotenziale und Herausforderungen bei der Erkennung von Schadsoftware

Forschungsfrage

Inwieweit hat der Einsatz von GANs Einfluss auf die Entwicklung von Systemen und Strategien, die zur Erkennung von Schadsoftware genutzt werden? Und daraus abgeleitet: Welche Nutzungspotenziale und Herausforderungen ergeben sich hieraus?

Auswahl der Experten

Diese Befragung ist an Experten aus den Bereichen der IT-Sicherheit und des ML mit dem Fokus auf Schadsoftware-Erkennung und GANs adressiert. Hierfür kommen sowohl Personen aus den entsprechenden Forschungsbereichen als auch Fachpersonal in Unternehmen, die IT-Sicherheitslösungen entwickeln, infrage. Für eine hinreichende Generalisierung der Befragungsergebnisse sollen mindestens fünf Experten befragt werden, wobei eine Parität der Anzahl der befragten Forscher und Experten aus Unternehmen angestrebt wird.

Durchführungszeitraum der Befragungen

Der Durchführungszeitraum wird vom 06.02.2023 bis zum 19.02.2023 festgelegt.

A. Anhang

Einstiegsfragen

1. Seit wie vielen Jahren arbeiten Sie in der Branche der IT-Sicherheit?

2. Seit wann beschäftigen Sie sich mit GANs im Kontext der Schadsoftware-Erkennung?

Aktuelle Nutzungspotenziale

3. Wie beurteilen Sie die momentane praktische Anwendbarkeit von GANs bei der Verbesserung von Schadsoftware-Erkennungssystemen? (H1/H2/H5)

4. Inwieweit wird der Einsatz von GANs bei der Entwicklung aktueller Schadsoftware-Erkennungssystemen berücksichtigt? Zeichnet sich dazu in Ihrer Branche ein einheitliches Bild ab? (H1/H2/H5)

5. Hat sich die Leistung von Schadsoftware-Erkennungssystemen durch adversariales Training mithilfe von GANs signifikant erhöht? Welche Faktoren waren hierfür ausschlaggebend? (H1/H2/H5)

6. Welche weiteren GAN-spezifischen Ansätze verwenden Sie neben dem adversarialen Training bei der Entwicklung und Verbesserung von Schadsoftware-Erkennungssystemen? (z.B. Entrauschen von verschleierter Schadsoftware) (H1/H5)

Zukünftige Nutzungspotenziale

7. Erwarten Sie zukünftig eine (weitere) Steigerung der Leistung von Schadsoftware-Erkennungssystemen durch die Verwendung von GANs? Wodurch wird diese Entwicklung begünstigt oder behindert? (H1/H2)

8. Sind Sie der Meinung, dass der Einsatz von GANs zur Verbesserung von
   Schadsoftware-Erkennungssystemen in Zukunft an Bedeutung gewinnen, oder
   sogar zum Standard wird? (H1/H2)

9. Wie könnte der Einsatz von GANs Schadsoftware-Erkennungssysteme leis-
   tungsfähiger machen? Welche Konzepte existieren dazu? (H2/H5)

Aktuelle Herausforderungen

10. Worin bestehen aktuell Ihrer Meinung nach Probleme, die eine intensivere
    Nutzung von GANs einschränken? (H1/II3/H6)

11. Haben Sie Kenntnisse darüber, inwieweit bereits durch GANs generierte Schad-
    software im Umlauf ist? Durch welche spezifischen Merkmale zeichnen sich
    diese aus? (H2/H6/H7)

12. Welche zusätzlichen Anforderungen werden durch die Nutzung von GANs
    an Sicherheitsexperten gestellt? Welche Auswirkungen auf das Arbeitsprofil
    sind zu erwarten? (H3)

13. Ist der Umstand, dass Umgehungsangriffe auf ähnliche Modelle zur Schadsoftware-
    Erkennung übertragbar sind, Ihrer Meinung nach ein Motivationsfaktor für
    die offensive Nutzung von GANs? (H7)

Zukünftige Herausforderungen

14. Sind Sie der Meinung, dass GANs zukünftig intensiver durch Kriminelle ge-
    nutzt werden, um Schadsoftware zu generieren und Erkennungssysteme zu
    umgehen? (H2/H6/H7)

15. Gehen Sie von einem zukünftigen Anstieg der sich im Umlauf befindenden Schadprogramme hinsichtlich ihrer Qualität und Quantität aus, der im Zusammenhang mit der Verwendung von GANs steht? (H2/H6/H7)

16. Gehen Sie davon aus, dass präventive Maßnahmen zur Verhinderung gezielter GAN-basierter Angriffe, wie beispielsweise die Modellverschleierung, weiter ausgebaut müssen? Welche Konzepte werden hierbei berücksichtigt? (H4)

Ausstiegsfragen

17. Überwiegen Ihrer Meinung nach die Nutzungspotenziale einer defensiven Nutzung von GANs gegenüber einer offensiven? (H5)

18. Welche Informationen, die nicht innerhalb der Fragen thematisiert wurden, möchten Sie noch mitteilen? (optional)

A.5. Transkripte der Befragungen

Transkript der Befragung von Experte E1

E1 ist Universitätsprofessor für Informatik in den Fachrichtungen IT-Sicherheit, Kryptographie und ML. Er hat mehr als 200 wissenschaftliche Artikel veröffentlicht und ist zudem Fachbuchautor.

Tabelle A.1.: Transkript von E1 (eigene Darstellung)

Index	Inhalt
F1	Seit wie vielen Jahren beschäftigen Sie sich mit Themen der IT-Sicherheit?
E1A1	Seit 33 Jahren.
F2	Seit wann beschäftigen Sie sich mit GANs im Kontext der Schadsoftware-Erkennung?
E1A2	Seit 2018.
F3	Wie beurteilen Sie die momentane praktische Anwendbarkeit von GANs bei der Verbesserung von Schadsoftware-Erkennungssystemen?
E1A3	Meine Forschungsgruppe hat mehrere Artikel über GANs und ihre Verwendung im Schadsoftware-Bereich verfasst. Dabei haben wir festgestellt, dass GAN-basierte Detektoren in der Regel gegenüber anderen hochmodernen ML-basierten Erkennungs- und Klassifizierungstechniken konkurrenzfähig sind.
F4	Inwieweit wird der Einsatz von GANs bei der Entwicklung aktueller Schadsoftware-Erkennungssystemen berücksichtigt? Zeichnet sich dazu in der Branche der IT-Sicherheit ein einheitliches Bild ab?
E1A4	Da ich Akademiker bin, weiß ich nicht, inwieweit GANs bei den in der Industrie entwickelten, realen Antivirensystemen berücksichtigt werden. Aber GANs sind ein heißes Forschungsthema, weshalb ich vermute, dass die Leute in der Industrie GANs große Aufmerksamkeit schenken.

F5	Hat sich die Leistung von Schadsoftware-Erkennungssystemen durch adversariales Training mithilfe von GANs signifikant erhöht? Welche Faktoren waren hierfür ausschlaggebend?
E1A5	In unserer Forschung haben wir keine dramatische Verbesserung durch das adversariale Training mit GANs beobachtet. Wie bereits unter A3 erwähnt, sind die Klassifizierungsergebnisse von GANs mit denen anderer Schadsoftware-Erkennungsmethoden vergleichbar, aber nicht wesentlich besser.
F6	Welche weiteren GAN-spezifischen Ansätze verwenden Sie neben dem adversarialen Training bei der Entwicklung und Verbesserung von Schadsoftware-Erkennungssystemen? (z.B. Entrauschen von verschleierter Schadsoftware)
E1A6	Für das adversariale Training haben wir bisher ausschließlich die vom GAN-Generator erzeugten Schadsoftware-Beispiele betrachtet. Langfristig werden diese dazu beitragen, Schadsoftware-Erkennungssysteme zu verbessern, aber mir sind bis heute keine eindeutigen Beweise dafür bekannt, dass dies der Fall ist.
F7	Erwarten Sie zukünftig eine (weitere) Steigerung der Leistung von Schadsoftware-Erkennungssystemen durch die Verwendung von GANs? Wodurch wird diese Entwicklung begünstigt oder behindert?
E1A7	Ja, ich gehe davon aus, dass GANs in den nächsten Jahren eine der (wenn nicht *die*) Schlüsseltechniken des ML sein werden, um die Schadsoftware-Erkennung zu verbessern. Zum einen wird auf diesem Gebiet mit GANs viel geforscht, was den Stand der Technik unweigerlich vorantreiben wird. Wichtiger ist jedoch, dass die Forscher meines Erachtens noch nicht in der Lage waren, die Möglichkeiten des Generators von GANs im Schadsoftware-Bereich voll auszuschöpfen.
F8	Sind Sie der Meinung, dass der Einsatz von GANs zur Verbesserung von Schadsoftware-Erkennungssystemen in Zukunft an Bedeutung gewinnen, oder sogar zum Standard wird?

E1A8	Ja, ähnlich wie bei meiner Antwort auf Frage 7 erwarte ich, dass GANs sowohl in der Forschung als auch in realen Anwendungen an Bedeutung gewinnen werden.
F9	Wie könnte der Einsatz von GANs Schadsoftware-Erkennungssysteme leistungsfähiger machen? Welche Konzepte existieren dazu?
E1A9	Das Standard-GAN-Modell bringt für das adversariale Training den wichtigsten potenziellen Vorteil. Im Prinzip wird ein solcher adversarialer Ansatz wahrscheinlich besser abschneiden als herkömmliche Ansätze.
F10	Worin bestehen aktuell Ihrer Meinung nach Probleme, die eine intensivere Nutzung von GANs einschränken?
E1A10	Nach unseren Untersuchungen ist es sehr schwierig, mit einem GAN funktionierende Schadsoftware zu erzeugen. Mit anderen Worten: Die von einem GAN erzeugte *gefälschte* Schadsoftware ist wahrscheinlich tatsächlich eine Fälschung in dem Sinne, dass sie nicht wirklich das tut, was sie tun soll. Abgesehen von diesem Problem haben wir auch festgestellt, dass es mit anderen Lerntechniken normalerweise einfach ist, die von GANs erzeugten adversarialen Beispiele von echter Schadsoftware zu unterscheiden, was auch in anderen Bereichen zuzutreffen scheint, in denen GANs verwendet werden, wie z.B. bei DeepFake-Bildern. Dies deutet darauf hin, dass die adversarialen Beispiele zwar für Menschen überzeugend sein können, aus Sicht des maschinellen Lernens jedoch (noch) nicht so beeindruckend sind.
F11	Haben Sie Kenntnisse darüber, inwieweit bereits durch GANs generierte Schadsoftware im Umlauf ist? Durch welche spezifischen Merkmale zeichnen sich diese aus?
E1A11	Mir ist nicht bekannt, dass derzeit in der realen Welt GAN-generierte Schadsoftware im Umlauf ist. Und selbst wenn es solche Berichte gäbe, wären sie meiner Meinung nach suspekt. GANs sind ein derart heißes Thema, dass selbst in der wissenschaftlichen Forschungsliteratur eine Tendenz zur Übertreibung besteht.

F12	Welche zusätzlichen Anforderungen werden durch die Nutzung von GANs an Sicherheitsexperten gestellt? Welche Auswirkungen auf das Arbeitsprofil sind zu erwarten?
E1A12	An diesem Punkt bin ich mir nicht sicher, ob es zusätzliche Arbeitsplatzanforderungen gibt, die direkt mit GANs in Verbindung gebracht werden können. Aus meiner Sicht sind die potenziellen zukünftigen Probleme so ziemlich die gleichen wie bei jeder Schadsoftware.
F13	Ist der Umstand, dass Umgehungsangriffe auf ähnliche Modelle zur Schadsoftware-Erkennung übertragbar sind, Ihrer Meinung nach ein Motivationsfaktor für die offensive Nutzung von GANs?
E1A13	Das ist meiner Meinung nach eher eine zukünftige Bedrohung, aber ja, als mögliche zukünftige Bedrohung halte ich solche fortschrittlichen Angriffe für besorgniserregend.
F14	Sind Sie der Meinung, dass GANs zukünftig intensiver durch Kriminelle genutzt werden, um Schadsoftware zu generieren und Erkennungssysteme zu umgehen?
E1A14	Ich denke, dass die Zukunft von GAN-generierter Schadsoftware wahrscheinlich ähnlich sein wird wie die frühere und aktuelle Verwendung von metamorphen Schadsoftware-Generatoren. Dies hängt jedoch davon ab, ob der generierende Aspekt eines GAN so weit optimiert wird, dass die synthetische Schadsoftware effektiver und auch schwerer zu erkennen ist. Selbst in Anbetracht der Forschungsliteratur bin ich nicht davon überzeugt, dass eine dieser beiden Hürden bisher wirksam überwunden wurde.
F15	Gehen Sie von einem zukünftigen Anstieg der sich im Umlauf befindenden Schadprogramme hinsichtlich ihrer Qualität und Quantität aus, der im Zusammenhang mit der Verwendung von GANs steht?
E1A15	Ja, da das Interesse an GANs so groß ist, gibt es allen Grund zu der Annahme, dass die Techniken verbessert und ein weiteres Instrument im Wettrüsten zwischen Schadsoftware-Entwicklern und Schadsoftware-Abwehr werden.

F16	Gehen Sie davon aus, dass präventive Maßnhamen zur Verhinderung gezielter GAN-basierter Angriffe, wie beispielsweise die Modellverschleierung, weiter ausgebaut müssen? Welche Konzepte werden hierbei berücksichtigt?
E1A16	Ich bin mir nicht sicher, inwiefern sich ein GAN-basierter Angriff von einem anderen Schadsoftware-Angriff unterscheiden würde, zumindest aus der Sicht eines Benutzers oder AV-Entwicklers. Das heißt, aus praktischer Sicht ist ein Schadsoftware-Angriff eben ein Schadsoftware-Angriff, und wenn GANs erfolgreich sind, werden wir wahrscheinlich nicht einmal wissen, dass die Schadsoftware GAN-generiert war. Und selbst wenn, wüsste ich nicht, wie das die Verteidigung in irgendeiner sinnvollen Weise beeinflussen würde.
F17	Überwiegen Ihrer Meinung nach die Nutzungspotenziale einer defensiven Nutzung von GANs gegenüber einer offensiven?
E1A17	Ich denke, diese Frage ist noch nicht entschieden. Tatsächlich ist jede Sicherheitstechnologie ein zweischneidiges Schwert, und so sind GANs für Schadsoftware in dieser Hinsicht nichts Besonderes. Basierend auf den Untersuchungen, die ich gesehen habe, sind GANs immer noch ein eher potenzielles Problem in Bezug auf Schadsoftware, sowohl aus offensiver als auch aus defensiver Sicht.
F18	Welche Informationen, die nicht innerhalb der Fragen thematisiert wurden, möchten Sie noch mitteilen? (optional)
E1A18	Ich habe nichts mehr hinzuzufügen.

Transkript der Befragung von Experte E2

E2 ist Dr.-Ing. der Elektrotechnik sowie Geschäftsführer und CEO im Bereich Forschung und Entwicklung eines mittelständischen Unternehmens, das IT-Sicherheitslösungen entwickelt.

Tabelle A.2.: Transkript von E2 (eigene Darstellung)

Index	Inhalt
F1	Seit wie vielen Jahren arbeiten Sie in der Branche der IT-Sicherheit?
E2A1	Unser Unternehmen entwickelt seit 2006 Tracing- und Monitoring-Systeme. IT-Sicherheit ist allerdings schon seit Unternehmensgründung im Jahr 2000 ein Thema, mit dem wir uns beschäftigen dürfen. Monitoring-Systeme, die explizit für den Bereich IT-Sicherheit konzipiert sind, entwickeln wir erst seit dem letzten Quartal 2020.
F2	Seit wann beschäftigen Sie sich mit GANs im Kontext der Schadsoftware-Erkennung?
E2A2	Seit Oktober 2021.
F3	Wie beurteilen Sie die momentane praktische Anwendbarkeit von GANs bei der Verbesserung von Schadsoftware-Erkennungssystemen?
E2A3	Die praktische Anwendbarkeit von GANs scheint derzeit limitiert. Viele Forschungsansätze skalieren nicht auf reale Anwendungsfälle, sondern funktionieren nur auf den beschränkten, teils künstlich erzeugten, Datensätzen aus den Publikationen.
F4	Inwieweit wird der Einsatz von GANs bei der Entwicklung aktueller Schadsoftware-Erkennungssystemen berücksichtigt? Zeichnet sich dazu in der Branche der IT-Sicherheit ein einheitliches Bild ab?
E2A4	In Forschungsprojekten ist das immer wieder ein Thema. Kommerzielle Anwendungen sind uns bislang nicht bekannt.
F5	Hat sich die Leistung von Schadsoftware-Erkennungssystemen durch adversariales Training mithilfe von GANs signifikant erhöht? Welche Faktoren waren hierfür ausschlaggebend?

E2A5	Wenn, dann nur in äußerst beschränktem Rahmen, bspw. um unerwartete Eingaben für Erkennungssysteme zu erzeugen, im Prinzip vergleichbar mit gezieltem Fuzz-Testing.
F6	Welche weiteren GAN-spezifischen Ansätze verwenden Sie neben dem adversarialen Training bei der Entwicklung und Verbesserung von Schadsoftware-Erkennungssystemen? (z.B. Entrauschen von verschleierter Schadsoftware)
E2A6	Die Erzeugung neuer Datensätze basierend auf existierenden Daten. Dies kann bspw. dann interessant sein, wenn die vorliegenden Daten auf Grund von Datenschutz nicht direkt genutzt werden können oder nicht genug Daten vorliegen.
F7	Erwarten Sie zukünftig eine (weitere) Steigerung der Leistung von Schadsoftware-Erkennungssystemen durch die Verwendung von GANs? Wodurch wird diese Entwicklung begünstigt oder behindert?
E2A7	Unser Wahrnehmung ist, dass sich ein derartiger Trend aktuell nicht abzeichnet. Da es sich aber um ein relatives junges Themengebiet handelt, ist es auch nicht auszuschließen.
F8	Sind Sie der Meinung, dass der Einsatz von GANs zur Verbesserung von Schadsoftware-Erkennungssystemen in Zukunft an Bedeutung gewinnen, oder sogar zum Standard wird?
E2A8	Es ist davon auszugehen, dass sich GANs in bestimmten Anwendungsszenarien durchaus etablieren werden. Es lassen sich aktuell jedoch keine Anzeichen erkennen, dass vorhandene Lösungsansätze dadurch ersetzt werden. GANs werden unseres Erachtens nach eher ein zusätzliches Werkzeug darstellen.
F9	Wie könnte der Einsatz von GANs Schadsoftware-Erkennungssysteme leistungsfähiger machen? Welche Konzepte existieren dazu?

E2A9	Viele der Daten, die zur Analyse von Schadsoftware notwendig sind, bspw. Logs und Netzwerkdaten, sind nicht in ausreichendem Maße vorhanden. Der Anteil der darin enthaltenen Datenbeispiele für die Auswirkung von Schadsoftware ist zusätzlich begrenzt. Auf diesem Gebiet könnten GANs potenziell dazu beitragen zusätzliches Datenmaterial zu generieren.
F10	Worin bestehen aktuell Ihrer Meinung nach Probleme, die eine intensivere Nutzung von GANs einschränken?
E2A10	Bei klassischen Anwendungsszenarien von GANs wie der Bildsynthese können menschliche Experten leicht einschätzen ob die entstandene Ausgabe realistisch ist oder nicht. Bei künstlich erzeugten Daten, die Schadsoftware imitieren sollen, ist es indes nur schwer einschätzbar, ob diese auch einem realistischen Szenario entsprechen.
F11	Haben Sie Kenntnisse darüber, inwieweit bereits durch GANs generierte Schadsoftware im Umlauf ist? Durch welche spezifischen Merkmale zeichnen sich diese aus?
E2A11	Nein.
F12	Welche zusätzlichen Anforderungen werden durch die Nutzung von GANs an Sicherheitsexperten gestellt? Welche Auswirkungen auf das Arbeitsprofil sind zu erwarten?
E2A12	Sicherheitsexperten werden grundsätzlich verstehen müssen wie GANs funktionieren, um die entstehenden Ergebnisse einordnen zu können. Je nach Art der GAN-Ausgaben ist es einem Experten allerdings nicht immer möglich, die Ergebnisse beurteilen zu können.
F13	Ist der Umstand, dass Umgehungsangriffe auf ähnliche Modelle zur Schadsoftware-Erkennung übertragbar sind, Ihrer Meinung nach ein Motivationsfaktor für die offensive Nutzung von GANs?
E2A13	Ja.
F14	Sind Sie der Meinung, dass GANs zukünftig intensiver durch Kriminelle genutzt werden, um Schadsoftware zu generieren und Erkennungssysteme zu umgehen?
E2A14	Ja.

F15	Gehen Sie von einem zukünftigen Anstieg der sich im Umlauf befindenden Schadprogramme hinsichtlich ihrer Qualität und Quantität aus, der im Zusammenhang mit der Verwendung von GANs steht?
E2A15	Ja.
F16	Gehen Sie davon aus, dass präventive Maßnhamen zur Verhinderung gezielter GAN-basierter Angriffe, wie beispielsweise die Modellverschleierung, weiter ausgebaut müssen? Welche Konzepte werden hierbei berücksichtigt?
E2A16	Im Grunde ja, allerdings werden anfällige Modelle meist nicht alleinstehend eingesetzt, wodurch die Angriffsfläche reduziert wird.
F17	Überwiegen Ihrer Meinung nach die Nutzungspotenziale einer defensiven Nutzung von GANs gegenüber einer offensiven?
E2A17	Die Situation scheint relativ ausgewogen. Die Mehrzahl der Ansätze kann sowohl defensiv als auch offensiv eingesetzt werden.
F18	Welche Informationen, die nicht innerhalb der Fragen thematisiert wurden, möchten Sie noch mitteilen? (optional)
E2A18	Im Vergleich zur Bild- und Sprachsynthese scheint es einen gravierenden Mangel an Open-Source-Datensätzen im Bereich GAN und IT-Sicherheit zu geben. Die Weiterentwicklung und Anwendbarkeit von GAN-basierten Ansätzen in der Domäne steht und fällt unser Meinung nach mit der Verfügbarkeit solcher Datensätze.

Transkript der Befragung von Experte E3

E3 ist Doktorandin im Bereich ML und IT-Sicherheit. In ihren veröffentlichten Arbeiten werden Sicherheits- und Datenschutzprobleme beim ML sowie offensive und defensive Anwendungsmöglichkeiten der künstlichen Intelligenz in der IT-Sicherheit diskutiert.

Tabelle A.3.: Transkript von E3 (eigene Darstellung)

Index	Inhalt
F1	Seit wie vielen Jahren beschäftigen Sie sich mit Themen der IT-Sicherheit?
E3A1	Mehr als 5 Jahre, aber hauptsächlich im akademischen Umfeld.
F2	Seit wann beschäftigen Sie sich mit GANs im Kontext der Schadsoftware-Erkennung?
E3A2	Ich arbeite seit 2018 mit GANs und verwende sie auch in meiner aktuellen Forschung.
F3	Wie beurteilen Sie die momentane praktische Anwendbarkeit von GANs bei der Verbesserung von Schadsoftware-Erkennungssystemen?
E3A3	Systeme, die maschinelle Lernkomponenten zur Schadsoftware-Erkennung verwenden, können bereits heute von GANs profitieren. Normalerweise sind diese Systeme jedoch ziemlich komplex und beinhalten mehrere Komponenten, bei denen GANs nicht anwendbar sind.
F4	Inwieweit wird der Einsatz von GANs bei der Entwicklung aktueller Schadsoftware-Erkennungssystemen berücksichtigt? Zeichnet sich dazu in der Branche der IT-Sicherheit ein einheitliches Bild ab?
E3A4	Ich habe keine genauen Kenntnisse über die Interna der Unternehmen, aber ich würde erwarten, dass sie GANs in gewisser Weise zu Testzwecken verwenden.
F5	Hat sich die Leistung von Schadsoftware-Erkennungssystemen durch adversariales Training mithilfe von GANs signifikant erhöht? Welche Faktoren waren hierfür ausschlaggebend?

E3A5	Das ist schwer zu sagen. Aus Forschungssicht ja, aber es ist ungewiss, ob die Industrie diese Art von Technologie nutzt.
F6	Welche weiteren GAN-spezifischen Ansätze verwenden Sie neben dem adversarialen Training bei der Entwicklung und Verbesserung von Schadsoftware-Erkennungssystemen? (z.B. Entrauschen von verschleierter Schadsoftware)
E3A6	GANs können verwendet werden, um verschiedene Verhaltensweisen zu modellieren, darunter gutartiges Verhalten (im Netzwerk) oder sogar gutartige Binärdateien.
F7	Erwarten Sie zukünftig eine (weitere) Steigerung der Leistung von Schadsoftware-Erkennungssystemen durch die Verwendung von GANs? Wodurch wird diese Entwicklung begünstigt oder behindert?
E3A7	Da bin ich mir unsicher. Es ist unklar, ob AV-Entwickler es vorziehen würden, bösartiges Verhalten mit GANs zu modellieren, anstatt die tatsächliche Schadsoftware zu verwenden, die ihnen zur Verfügung steht. Es ist sicherlich ein Vorteil, dynamisches Schadsoftware-Verhalten zu modellieren, da es kostspieliger ist, Millionen von Binärdateien in Sandbox-Umgebungen auszuführen.
F8	Sind Sie der Meinung, dass der Einsatz von GANs zur Verbesserung von Schadsoftware-Erkennungssystemen in Zukunft an Bedeutung gewinnen, oder sogar zum Standard wird?
E3A8	Ich bin mir nicht sicher, ob sie zum Standard werden, aber sie sind sicherlich ein Werkzeug, das auf verschiedene Arten verwendet werden kann.
F9	Wie könnte der Einsatz von GANs Schadsoftware-Erkennungssysteme leistungsfähiger machen? Welche Konzepte existieren dazu?
E3A9	Durch die Modellierung von Schadsoftware-Verhalten, das in den heutigen Ansätzen zu kostspielig ist.
F10	Worin bestehen aktuell Ihrer Meinung nach Probleme, die eine intensivere Nutzung von GANs einschränken?

E3A10	In der IT-Sicherheit bestehen Schwierigkeiten bei der Abbildung des Problemraums, d.h. Binärdateien mit generierten Merkmalen, die in maschinellen Lernmodellen, einschließlich GANs, verwendet werden können. Die meisten Ansätze, die ich bisher gesehen habe, arbeiten nur im Merkmalsraum und erzeugen keine modifizierten Binärdateien. Dies ist eine Einschränkung, die jedoch überwunden werden kann, wenn man die generierten Daten zum Trainieren der Erkennungsmodelle verwendet. Ein weiteres Problem ist, dass GANs zwar im Bereich der Bilderzeugung große Fortschritte gemacht haben, allerdings bin ich mir nicht sicher, ob sie bei sicherheitsrelevanten Daten genauso gut funktionieren.
F11	Haben Sie Kenntnisse darüber, inwieweit bereits durch GANs generierte Schadsoftware im Umlauf ist? Durch welche spezifischen Merkmale zeichnen sich diese aus?
E3A11	Meines Wissens nach nicht. Mir ist bekannt, dass GAN-generierte Bilder für Phishing verwenden werden, aber nicht, um Schadsoftware zu erstellen.
F12	Welche zusätzlichen Anforderungen werden durch die Nutzung von GANs an Sicherheitsexperten gestellt? Welche Auswirkungen auf das Arbeitsprofil sind zu erwarten?
E3A12	Ich denke, dass für die meisten Fachleute praktische Kenntnisse im Bereich des ML erforderlich sein werden, insbesondere in der IT-Sicherheit, wo große Datenmengen anfallen.
F13	Ist der Umstand, dass Umgehungsangriffe auf ähnliche Modelle zur Schadsoftware-Erkennung übertragbar sind, Ihrer Meinung nach ein Motivationsfaktor für die offensive Nutzung von GANs?
E3A13	Ja.
F14	Sind Sie der Meinung, dass GANs zukünftig intensiver durch Kriminelle genutzt werden, um Schadsoftware zu generieren und Erkennungssysteme zu umgehen?

E3A14	Im Moment haben Kriminelle effizientere Möglichkeiten, Erkennungssysteme zu umgehen und GANs können meines Wissens nach noch keine funktionierenden Schadsoftware-Binärdateien erstellen. Im Bereich der Netzwerksicherheit könnte Schadsoftware mit GANs verwendet werden, um eine Erkennung durch ein Intrusion Detection System zu umgehen. Ich kann mir vorstellen, dass dies der Fall sein wird, wenn die Erkennungssysteme mit der Zeit besser werden.
F15	Gehen Sie von einem zukünftigen Anstieg der sich im Umlauf befindenden Schadprogramme hinsichtlich ihrer Qualität und Quantität aus, der im Zusammenhang mit der Verwendung von GANs steht?
E3A15	Nicht in unmittelbarer Zukunft, allerdings ist dies für alle KI/ML-basierten Angriffe ein relevantes Thema. Diesbezüglich könnten GANs in Zukunft relevant werden, aber davon sind wir noch etwas weiter entfernt.
F16	Gehen Sie davon aus, dass präventive Maßnhamen zur Verhinderung gezielter GAN-basierter Angriffe, wie beispielsweise die Modellverschleierung, weiter ausgebaut müssen? Welche Konzepte werden hierbei berücksichtigt?
E3A16	GANs sind Modelle, die zur Modellierung von Verteilungen verwendet werden. Wenn sie z.B. gutartiges Verhalten modellieren können, dann wüsste ich nicht, wie Modellverschleierung oder ähnliche Abwehrmaßnahmen helfen könnten.
F17	Überwiegen Ihrer Meinung nach die Nutzungspotenziale einer defensiven Nutzung von GANs gegenüber einer offensiven?
E3A17	Ich denke, dass dies im Moment der Fall ist, zumindest was die Schadsoftware-Erkennung angeht.
F18	Welche Informationen, die nicht innerhalb der Fragen thematisiert wurden, möchten Sie noch mitteilen? (optional)
E3A18	Ich habe keine weiteren Punkte.

Transkript der Befragung von Experte E4

E4 ist Doktor der Informatik und Senior Principal Research Engineer in einem großen weltweit agierenden Unternehmen, das Sicherheitssoftware für Privatanwender entwickelt. Sein Forschungsinteresse bezieht sich auf IT-Sicherheit, ML und dessen Optimierung. In diesem Bereich hat er mehrere wissenschaftliche Arbeiten und Artikel in Fachzeitschriften veröffentlicht.

Tabelle A.4.: Transkript von E4 (eigene Darstellung)

Index	Inhalt
F1	Seit wie vielen Jahren beschäftigen Sie sich mit Themen der IT-Sicherheit?
E4A1	Seit mehr als 12 Jahren.
F2	Seit wann beschäftigen Sie sich mit GANs im Kontext der Schadsoftware-Erkennung?
E4A2	Seit 2019.
F3	Wie beurteilen Sie die momentane praktische Anwendbarkeit von GANs bei der Verbesserung von Schadsoftware-Erkennungssystemen?
E4A3	Die Anwendbarkeit von GANs konnte in den letzten Jahren gesteigert werden. Das hängt vor allem mit einer erhöhten Stabilität der Modelle während des Trainigs und einem besseren Verständnis darüber zusammen, wie Trainingsdaten vorbereitet werden müssen. Das betrifft auch den Einsatz bei Schadsoftware-Detektoren. Allerdings sind die meisten Ansätze hierfür nach wie vor experimentell.
F4	Inwieweit wird der Einsatz von GANs bei der Entwicklung aktueller Schadsoftware-Erkennungssystemen berücksichtigt? Zeichnet sich dazu in der Branche der IT-Sicherheit ein einheitliches Bild ab?
E4A4	Bei der Verbesserung unserer Produkte verwenden wir u.a. GANs für Tests, um die möglichen Reaktion der Detektoren auf metamorphe Schadsoftware zu untersuchen. Inwieweit andere Entwickler GANs nutzen, entzieht sich meiner Kenntnis.

F5	Hat sich die Leistung von Schadsoftware-Erkennungssystemen durch adversariales Training mithilfe von GANs signifikant erhöht? Welche Faktoren waren hierfür ausschlaggebend?
E4A5	Einige unserer Untersuchungen haben gezeigt, dass die Erkennungsleistung gegenüber Schadsoftware je nach Modell durch adversarial Training im geringen Maße gesteiert werden kann. Eine Verbesserung kann aber nicht pauschal angenommen werden, da hierfür viele Faktoren ausschlaggebend und realitätsgenaue Bedingungen schwierig zu gewährleisten sind. Unsere Experimente haben außerdem in einigen Fällen ergeben, dass die Erkennungsrate beim Testen mit echter Schadsoftware nach einem adversarialen Training ungenauer wurde. Ein Training unserer Detektoren mit generierten Beispielen findet derzeit nicht statt.
F6	Welche weiteren GAN-spezifischen Ansätze verwenden Sie neben dem adversarialen Training bei der Entwicklung und Verbesserung von Schadsoftware-Erkennungssystemen? (z.B. Entrauschen von verschleierter Schadsoftware)
E4A6	Wie bei 4. erwähnt, verwenden wir GANs, um die Leistung unserer Detektoren gegenüber neuer Schadsoftware zu untersuchen, indem wir die Menge der vorhandenen Daten erweitern. Mir sind andere Ansätze aus der Forschung bekannt, bei denen verschleierte Schadsoftware mit GANs rekonstruiert werden kann, aber das ist eher experimentell.
F7	Erwarten Sie zukünftig eine (weitere) Steigerung der Leistung von Schadsoftware-Erkennungssystemen durch die Verwendung von GANs? Wodurch wird diese Entwicklung begünstigt oder behindert?

E4A7	GANs sind Gegenstand aktueller Forschungen und es ist zu erwarten, dass deren Effizienz kontinuierlich zunehmen wird. Davon kann auch die Entwicklung von Sicherheitssystemen profitieren, indem realistischere Testdaten erzeugt werden können. Der wichtigste Punkt für eine Weiterentwicklung ist meiner Meinung nach die Verbesserung der Stabilität des Trainings. Ein möglicher Grund, der eine schnellere Entwicklung von GANs verhindert, ist die Komplexität. Es ist oftmals nicht nachvollziehbar, welcher Parameter welchen Einfluss auf die Ausgaben hat.
F8	Sind Sie der Meinung, dass der Einsatz von GANs zur Verbesserung von Schadsoftware-Erkennungssystemen in Zukunft an Bedeutung gewinnen, oder sogar zum Standard wird?
E4A8	Ja, ich erwarte wie bereits beschrieben eine Bedeutungszunahme. Ich denke aber, GANs sind eher als Hilfsmittel zu begreifen. Die Entwicklung eines Standards kann ich aktuell nicht erkennen.
F9	Wie könnte der Einsatz von GANs Schadsoftware-Erkennungssysteme leistungsfähiger machen? Welche Konzepte existieren dazu?
E4A9	Die wichtigste Eigenschaft von GANs ist die Erzeugung neuer Daten, die auf bereits vorhandenen Daten basieren. Das nutzen wir bereits für Testzwecke wie oben beschrieben. Das adversariale Training ist im Schadsoftware-Bereich fragwürdig, da es den Klassifikator auch verfälschen kann.
F10	Worin bestehen aktuell Ihrer Meinung nach Probleme, die eine intensivere Nutzung von GANs einschränken?
E4A10	Mit den bisherigen Ansätzen ist es noch nicht gelungen, Schadsoftware zu generieren, die tatsächlich so funktioniert, wie wir es erwarten würden. Das ist auch der Grund, warum wir aktuell adversariales Training mit generierten Daten ausschließen, weil die Detektoren nicht darauf trainiert werden sollen, unechte Schadsoftware zu erkennen. Außerdem müsste vorher jedes einzelne Beispiel auf seine Funktion untersucht werden. Weitere Probleme sind nach wie vor die Komplexität und die Interprätation und der damit verbundene Aufwand bei der Entwicklung von GANs.

F11	Haben Sie Kenntnisse darüber, inwieweit bereits durch GANs generierte Schadsoftware im Umlauf ist? Durch welche spezifischen Merkmale zeichnen sich diese aus?
E4A11	Ich kann mir aus den oben genannten Gründen nicht vorstellen, dass derzeit solche Schadsoftware existiert. Falls dem so sein sollte, lässt sich wahrscheinlich nicht rekonstruieren, ob die Schadsoftware von einem GAN stammt.
F12	Welche zusätzlichen Anforderungen werden durch die Nutzung von GANs an Sicherheitsexperten gestellt? Welche Auswirkungen auf das Arbeitsprofil sind zu erwarten?
E4A12	Ich denke nicht, dass die Anforderungen für Fachpersonal neu definiert werden müssen. Experten zeichnen sich dadurch aus, dass sie den aktuellen Forschungsstand im Blick haben und sich entsprechendes Wissen aneignen.
F13	Ist der Umstand, dass Umgehungsangriffe auf ähnliche Modelle zur Schadsoftware-Erkennung übertragbar sind, Ihrer Meinung nach ein Motivationsfaktor für die offensive Nutzung von GANs?
E4A13	Möglicherweise kann das eine offensive Nutzung begünstigen. Allerdings besteht ein vollwertiges Erkennungssystem aus der Zusammensetzung verschiedener Technologien, was den Erfolg eines solchen Angriffs sehr unwahrscheinlich macht. Ein Angreifer hat keinen unbegrenzten Zugriff auf die Modelle und Komponenten und kann auch nicht nachvollziehen, wodurch im System der Angriff entdeckt wurde.
F14	Sind Sie der Meinung, dass GANs zukünftig intensiver durch Kriminelle genutzt werden, um Schadsoftware zu generieren und Erkennungssysteme zu umgehen?
E4A14	Die Zukunft wird zeigen, ob eine Generierung echter Schadsoftware möglich sein wird. Diese muss dann auch auf ihre Funktionalität überprüft werden. Es bleibt auch abzuwarten, wie effizient diese Schadsoftware sein wird, um nicht erkannt zu werden.

F15	Gehen Sie von einem zukünftigen Anstieg der sich im Umlauf befinden-den Schadprogramme hinsichtlich ihrer Qualität und Quantität aus, der im Zusammenhang mit der Verwendung von GANs steht?
E4A15	Es ist möglich, allerdings wird die Entwicklung noch weiter voranschreiten müssen.
F16	Gehen Sie davon aus, dass präventive Maßnhamen zur Verhinderung ge-zielter GAN-basierter Angriffe, wie beispielsweise die Modellverschleie-rung, weiter ausgebaut müssen? Welche Konzepte werden hierbei berück-sichtigt?
E4A16	Wie unter 13. beschrieben, handelt es sich bei einem Erkennungssystem um einen Verbund mehrerer Komponenten, deren Architektur für Außen-stehende nicht ersichtlich ist. Wir stellen unsere Technologien nur be-stimmten vertrauenswürdigen Partnern zur Verfügung.
F17	Überwiegen Ihrer Meinung nach die Nutzungspotenziale einer defensiven Nutzung von GANs gegenüber einer offensiven?
E4A17	Solange mit GANs keine funktionsfähige Schadsoftware erzeugt werden kann, wird eine offensive Nutzung meiner Meinung nach kaum sinnvoll sein. Defensive Ansätze profitieren aktuell vor allem von den zusätzlichen Testmöglichkeiten gegenüber Detektoren.
F18	Welche Informationen, die nicht innerhalb der Fragen thematisiert wurden, möchten Sie noch mitteilen? (optional)
E4A18	Ich habe nichts hinzuzufügen.

Transkript der Befragung von Experte E5

Experte E5 ist Schadsoftware-Experte bei einem großen internationalen Unternehmen, das Sicherheitssoftware anbietet. Er hat Erfahrung insbesondere in der Schadsoftware-Analyse und heuristischen Erkennung und beschäftigt sich mit GANs speziell in der IT-Sicherheit.

Tabelle A.5.: Transkript von E5 (eigene Darstellung)

Index	Inhalt
F1	Seit wie vielen Jahren beschäftigen Sie sich mit Themen der IT-Sicherheit?
E5A1	Seit mehr als 15 Jahren.
F2	Seit wann beschäftigen Sie sich mit GANs im Kontext der Schadsoftware-Erkennung?
E5A2	Seit etwa 2019.
F3	Wie beurteilen Sie die momentane praktische Anwendbarkeit von GANs bei der Verbesserung von Schadsoftware-Erkennungssystemen?
E5A3	Es ist problematisch, bei der Erzeugung von Daten die Stabilität des Trainingsprozesses sicherzustellen. Gleichzeitig ist es schwierig, die erzeugten Daten zu validieren, um die Qualität der Ausgaben gewährleisten zu können. Qualitätsmetriken für generative Modelle sind im Allgemeinen ein sehr wichtiger Punkt. Für GANs auf dem Gebiet der Bilderzeugung erfolgt eine Sicherstellung der Qualität durch qualitativ hochwertige Bildklassifikatoren und die Fähigkeit, Ähnlichkeiten zwischen Bildern berechnen zu können. Alle Techniken zur Verbesserung des Trainingsprozesses und der Qualität von GANs zielen in erster Linie auf den Bildbereich ab. Deren Effizienz in anderen Domänen wie der Erzeugung von Schadprogrammen ist unklar. Offensive Anwendungen von GANs zielen in der Praxis darauf ab, bereits vorhandene Schadsoftware zu verändern, um die Erkennung durch eine bestimmte Gruppe von Cybersicherheitsprodukten zu vermeiden. [Fortsetzung auf der nächsten Seite]

E5A3	Aus wirtschaftlicher Sicht müssen Werkzeuge hierfür möglichst ressourcensparend sein und gleichzeitig garantieren, dass die erstellten Schadprogramme stabil und funktional korrekt sind und eine Erkennung anhand ihres Verhaltens sowie statischer Merkmale vermeiden. Die Komplexität des Generierungsprozesses wird dadurch extrem erhöht.
F4	Inwieweit wird der Einsatz von GANs bei der Entwicklung aktueller Schadsoftware-Erkennungssystemen berücksichtigt? Zeichnet sich dazu in der Branche der IT-Sicherheit ein einheitliches Bild ab?
E5A4	Unser Unternehmen verfügt über riesige gelabelte Datensätze, die regelmäßig aktualisiert werden. Außerdem verfügen wir über große Mengen an ungelabelten Daten. In einer solchen Situation haben effizientes und effektives Training, das Verstehen der Gründe für Verteilungsverschiebungen, die Qualität des Labelprozesses, die Nutzung von nicht beschrifteten Daten und Neural Architecture Search (NAS) eine höhere Priorität als die Generierung neuer Schadsoftware-Beispiele. Gleichzeitig haben wir aber auch Erfahrung mit der Generierung und dem Einsatz adversarialer Beispiele beim Training von Detektoren zur Minimierung von Fehlalarmen, um ein besseres Verständnis unserer Modelle zu erreichen. Dies ist jedoch als Heuristik mit einem hohen Maß an Kontrolle in Übereinstimmung mit den Aufgabenspezifika implementiert. Bei der präventiven Erkennung von Schadsoftware ist die Anzahl der Fehlalarme entscheidend. Unser Produkt entscheidet selbstständig, ob Software blockiert oder gar entfernt wird. Die Entfernung von gutartiger Software kann für Kunden existenzbedrohend sein und negative Konsequenzen für die Nachfrage an unserem Produkt haben. Bei der Auswahl eines Modells streben wir eine möglichst hohe Erkennungsrate an und garantieren gleichzeitig eine extrem niedrige Falsch-Positiv-Rate in unseren Datensätzen.
F5	Hat sich die Leistung von Schadsoftware-Erkennungssystemen durch adversariales Training mithilfe von GANs signifikant erhöht? Welche Faktoren waren hierfür ausschlaggebend?

E5A5	Ich bin mir nicht sicher, ob das adversariale Training ein guter Ansatz zur Verbesserung der Trainingsergebnisse ist. Möglicherweise sind Ideen des kooperativen Trainings auf synthetischen Mustern wie Generative Teaching Networks (GTN) und ähnliche Ansätze vielversprechender, da sie das Ziel - eine hohe Qualität des gelernten Modells - auf einfachere Weise erreichen. Weiterhin wird einerseits ein Modell nicht verbessert, wenn das GAN Proben reproduziert, die dem Trainingsdatensatz sehr ähnlich sind. Es handelt sich lediglich um eine weitere Trainingsepoche auf demselben Datensatz. Andererseits kann durch einen Moduskollaps eine zu geringe Varietät der Daten verursacht werden. Infolgedessen wird die Verteilung auf bestimmte Arten von Stichproben verschoben. Oder die Realitätstreue der Stichproben ist gering und entspricht keinem realisierbaren Programm. Mit anderen Worten: Programme mit solchen Merkmalen können in der realen Welt nicht erstellt werden. Die hohe Qualität eines Detektormodells für solche synthetischen Proben aus einer realitätsfernen Verteilung ist für die Erkennung in der realen Welt nicht sinnvoll und macht den Aufwand hinsichtlich zusätzlicher Ressourcen und Zeit für ein Training eines Modells mit solchen synthetischen Daten unrentabel. Es gibt also kein erzeugbares Objekt, sprich Binär- oder Quellcode, der für das Training von statischen Erkennungsmodellen sowie für Verhaltensmodelle verwendet werden könnte.
F6	Welche weiteren GAN-spezifischen Ansätze verwenden Sie neben dem adversarialen Training bei der Entwicklung und Verbesserung von Schadsoftware-Erkennungssystemen? (z.B. Entrauschen von verschleierter Schadsoftware)

E5A6	Defensive Anwendungen sind im Gegensatz zu offensiven Anwendungen universeller einsetzbar. Cybersicherheitsprodukte müssen mit großen Verallgemeinerungsfähigkeiten trainiert werden, um proaktiv alle Arten von bösartiger Software mit dynamischem Verhalten oder statischen Merkmalen zu erkennen. Gleichzeitig muss die Rate der Fehlalarme extrem niedrig sein. Die Techniken zur Datenerweiterung können beispielsweise zur Anreicherung von Trainingsdatensätzen eingesetzt werden. Es ist jedoch notwendig, ein klares Verständnis dafür zu haben, welche Probleme damit gelöst werden sollen. Heutzutage verfügen Anbieter von Cybersicherheitslösungen über riesige Datensätze mit gutartigen und bösartigen Objekten, bestehend aus hunderten von Millionen oder sogar Milliarden von gelabelten Daten, die jedoch nicht immer effizient genutzt werden. Es lässt sich darüber streiten, welches die aussichtsreichsten Wege sind, um eine hohe Erkennungsrate mit extrem niedrigen Fehlalarmen zu erreichen. Datensatzoptimierungen, Subsampling, Destillation, Überprüfung von Labels, Verwendung von nicht gelabelten Daten usw. sind Ansätze, um die Verteilungsabweichung zwischen der Trainingsverteilung und der realen Verteilung zu verringern, die auf ein Cybersicherheitsprodukt im autonomen Präventionsmodus angewendet werden. Im Zusammenhang mit GAN ist es weniger kritisch, Objektbeschreibungen oder Merkmalsvektoren zu generieren, als vollwertige Programme auszuführen.
F7	Erwarten Sie zukünftig eine (weitere) Steigerung der Leistung von Schadsoftware-Erkennungssystemen durch die Verwendung von GANs? Wodurch wird diese Entwicklung begünstigt oder behindert?
E5A7	Eine Steigerung der Leistung von Detektoren im Sinne einer erhöhten Erkennungsgenauigkeit durch GANs erwarte ich derzeit nicht. Das Modelltraining mit Daten, die einem originalen Datensatz ähneln, mit dem bereits ein Training erfolgt ist, bringen keine Verbesserung sondern eher eine Verschlechterung durch eine Verteilungsverschiebung.

F8	Sind Sie der Meinung, dass der Einsatz von GANs zur Verbesserung von Schadsoftware-Erkennungssystemen in Zukunft an Bedeutung gewinnen, oder sogar zum Standard wird?
E5A8	Generell nehme ich an, dass die Anwendung von generativen Modellen zur Verbesserung des Trainingsprozesses eine sehr aussichtsreiche Forschungsrichtung ist. Ich bin mir jedoch nicht sicher, ob eine bestimmte GAN-Architektur aufgrund der von mir beschriebenen Aspekte hier gut passt.
F9	Wie könnte der Einsatz von GANs Schadsoftware-Erkennungssysteme leistungsfähiger machen? Welche Konzepte existieren dazu?
E5A9	Trotz der Komplexität erscheint die Generierung realistischer gutartiger Proben zur Minimierung von Fehlalarmen in einigen Fällen sehr aussichtsreich. Beispielsweise ist das Sammeln eines großen und vielfältigen Satzes von Sandbox-Protokollen für gutartige Software eine teure und schwierige Aufgabe. Sie ist jedoch sehr wichtig für das erfolgreiche Training von Erkennungsprogrammen für bösartiges Verhalten. Generative Modelle könnten helfen, dieses und ähnliche Probleme zu lösen.
F10	Worin bestehen aktuell Ihrer Meinung nach Probleme, die eine intensivere Nutzung von GANs einschränken?
E5A10	Bei offensiven Anwendungen ist die kontrollierte Programmerstellung mit Qualitätsgarantien der größte Engpass und das komplexeste Problem. Meiner Meinung nach liegt dies außerhalb der Möglichkeiten von GAN-Architekturen. Bei defensiven Anwendungen zur Datenerweiterung leiden GANs unter einem geringen Maß an Kontrolle und einem riskanten, unvorhersehbaren Einfluss auf die Verteilung der Trainingsdaten eines Erkennungsmodells und die daraus resultierende verminderte Qualität im Falle eines fehlerhaften GAN-Trainings. Der Trainingsprozess von GANs ist selbst für Bilder kompliziert und erfordert eine manuelle Kontrolle und Analyse. Man benötigt einen gut trainierten Klassifikator, um die Wahrscheinlichkeiten der Klassen für jedes der generierten Bilder zu bestimmen. [Fortsetzung auf der nächsten Seite]

<table>
<tr><td>E5A10</td><td>Zur Einschätzung der Realitätsnähe von erzeugten Beispielen benötigt man auch einen Klassifikator, der die Einbettung zur Merkmalsextraktion und Ähnlichkeitsberechnung nutzt. Es kann notwendig sein, während des Trainings eine visuelle Inspektion der erzeugten Bilder vorzunehmen, da es keine völlig ausreichende Metrik für die Qualität gibt. FID und Inception Score bieten einen groben Näherungswert für den Vergleich multimodaler Verteilungen. Sie funktionieren aber nicht immer gut. Bei Bildern spielt also die einfache visuelle Interpretierbarkeit während des Modelltrainings und der Schätzung eine wichtige Rolle. Bei Binärdateien oder Programmquellen ist es viel komplizierter, da sie nicht intuitiv validiert werden können. Im Bereich der Cybersicherheit gibt es derzeit keine universellen und erfolgreichen Klassifizierer von binären ausführbaren Dateien oder Quellcode. Wir stehen vor einer gegenteiligen Situation: Es gibt viele Trainingsdaten und Schwierigkeiten, Klassifikatoren zu trainieren, die den Sicherheitsanforderungen für die autonome Erkennung und Verhinderung von schadhaftem Verhalten entsprechen. Ein weiteres Problem bei der Freigabe von Erkennungsalgorithmen für die Produktion ist die unterschiedliche Verteilung von Trainingsdatensätzen im Labor und in der realen Welt. Solche Verschiebungen können zu falsch-positiven Ergebnissen oder einer niedrigen Erkennungsrate führen, nachdem ein Detektor für die Produktion freigegeben wurde. Hierfür gibt es viele Gründe. Zum Beispiel erzeugt die Infrastruktur von Sicherheitsanbietern eine spezifische Verteilung von Objekten. Roboter, Crawler, der Austausch von Sammlungen zwischen Anbietern - all diese Mechanismen verursachen aufgrund ihrer Implementierungsspezifika (Zeitpläne, Algorithmen, Duplikate usw.) Verzerrungen in den Datensätzen im Vergleich zur realen Verteilung. Die vom GAN erzeugten Muster hängen vollständig von der Verteilung der Trainingsdaten ab - sie erzeugen mit einer höheren Wahrscheinlichkeit Beispiele entsprechend der Häufigkeit der Daten in einem Trainingsdatensatz. Daten, die seltenen Mustern in der Verteilung des Trainingsdatensatzes ähneln, werden ebenfalls selten und wahrscheinlich mit geringerer Qualität erzeugt, [Fortsetzung auf der nächsten Seite]</td></tr>
</table>

E5A10	da der Generator während des Trainings auf seltene Objekte weniger Feedback vom Diskriminator erhält. Infolgedessen können die generierten Stichproben eine noch deutlichere Abweichung zwischen der Verteilung des Trainingsdatensatzes im Labor und der realen Welt bewirken, wenn unser Trainingsdatensatz im Labor bereits eine Abweichung aufweist. Oftmals kann dieses Problem erst beobachtet werden, wenn das Modell für die Live-Erkennung freigegeben wird. Für Aufgaben der Datenerweiterung scheint es geeignet, Merkmalsvektoren anstelle ganzer Objekte zu erzeugen. Dies macht den Ansatz zur Generierung jedoch sehr modellspezifisch. Es ist nicht klar, ob er von Erkennungsmodellen mit statischen Merkmalen auf Verhaltensmodelle übertragen werden kann.
F11	Haben Sie Kenntnisse darüber, inwieweit bereits durch GANs generierte Schadsoftware im Umlauf ist? Durch welche spezifischen Merkmale zeichnen sich diese aus?
E5A11	Architekturen wie MalGAN und andere Ansätze, die in der Cybersicherheitsforschung vorgeschlagen werden, sind von der adversarialen Natur der GANs inspiriert, scheinen aber eine andere Aufgabe als die ursprünglichen GANs zu lösen: Die Erzeugung von adversarialen Beispielen außerhalb der Verteilung, anstatt die verfügbare Verteilung eines Trainingsdatensatzes und seiner Modi nachzuahmen. Außerdem basieren solche Modelle auf schwachen und sehr fragwürdigen Angriffsannahmen, die einen primitiven Generierungsprozess, unbegrenzten Zugang zu Cybersecurity-Produkten, die Fähigkeit zur Berechnung von Merkmalen und so weiter umfassen. Trotz der Tatsache, dass die Ideen sehr intelligent sind und das adversariale Training auf interessante Weise ausnutzen, ist ihr praktischer Wert für offensive Anwendungen sehr zweifelhaft. Auch andere Fragen bezüglich der Stabilität des Trainings, der Varietät und des Einflusses auf die Verteilung des Quelldatensatzes sind völlig unklar. Auch der Wert für defensive Anwendungen scheint nicht offensichtlich zu sein. Ich halte es für extrem unwahrscheinlich, dass aktuell auch nur ansatzweise vollwertige Schadsoftware mit GANs erstellt werden kann.

F12	Welche zusätzlichen Anforderungen werden durch die Nutzung von GANs an Sicherheitsexperten gestellt? Welche Auswirkungen auf das Arbeitsprofil sind zu erwarten?
E5A12	Die Generierung von Daten mit gewünschten Eigenschaften ist ein wichtiger Punkt, insbesondere im Fall von Cybersicherheitsanwendungen. Die kontrollierte Generierung von Daten mit gewünschten Eigenschaften ist selbst bei Bildern eine anspruchsvolle Aufgabe. Bei GANs erfordert die kontrollierte Generierung eine Analyse des latenten Raums eines Generators und eine Interpretation der verschiedenen Richtungen im latenten Raum. Dies ist selbst bei einer kontinuierlichen Bildverteilung eine nicht triviale Aufgabe. Sie kann näherungsweise für hochrangige Merkmale gelöst werden. Die Suche nach solchen sinnvollen Richtungen im latenten Raum erfordert das Vorhandensein eines geeigneten Merkmalsdetektors. Dieser wird verwendet, um das Vorhandensein gewünschter Merkmale in einem Bild zu überprüfen. Im Falle von Codegenerierungsaufgaben stellt sich eine solche Analyse des latenten Raums im Vergleich zu Bildern als eine viel kompliziertere Aufgabe dar. Die Änderung eines einzigen Symbols in einem Quellcode kann das Verhalten eines Programms ändern oder seine Logik komplett zerstören. Wir benötigen einige automatische Tests oder Detektoren, die uns während der Suche darüber informieren, ob die gesampelten Programme die gewünschte Eigenschaft besitzen oder nicht. In der Theorie ist diese Aufgabe algorithmisch unlösbar. In der Praxis müssen wir bereits in der Lage sein, solche Merkmale mit hoher Genauigkeit zu erkennen. Die Sicherstellung der Validität und Qualität generierter Daten und die Entwicklung von Werkzeugen, die genau das sicherstellen sollen, ist deshalb eine zusätzliche Erschwernis für Sicherheitsexperten.
F13	Ist der Umstand, dass Umgehungsangriffe auf ähnliche Modelle zur Schadsoftware-Erkennung übertragbar sind, Ihrer Meinung nach ein Motivationsfaktor für die offensive Nutzung von GANs?

E5A13	Moderne Cybersicherheitsprodukte bestehen aus verschiedenen Erkennungsalgorithmen, auch solchen, in denen nicht ML-Algorithmen implementiert sind. In der Regel werden sowohl statische als auch dynamische Verhaltensanalysen verwendet, die für eine Erkennung von Schadsoftware verantwortlich sind. Die Erkennungsmechanismen werden mit verschiedenen Expertenheuristiken und Mechanismen zur Minimierung des Risikos von Fehlalarmen kombiniert. Eine unzureichende Genauigkeit der Annäherung an ein reales Cybersecurity-Produkt durch ein Ersatzdetektormodell führt zu einer geringen Effizienz des Generierungsprozesses durch einen Angreifer. Die Fähigkeit zu solchen Approximationen ist eine offene Frage für die MalGAN-Architektur und deren Derivate. Bevor dieses Problem nebst der Fähigkeit zum Erzeugen funktionsfähiger Programme nicht gelöst ist, sehe ich bei Umgehungsangriffe keinen Motivationsfaktor für eine offensive Nutzung von GANs.
F14	Sind Sie der Meinung, dass GANs zukünftig intensiver durch Kriminelle genutzt werden, um Schadsoftware zu generieren und Erkennungssysteme zu umgehen?
E5A14	Für offensive Anwendungen sehe ich aufgrund der Komplexität des Problems in naher Zukunft keine praktisch rentable Perspektive für GANs oder andere Ansätze zur generativen Modellierung. Ich vermute, dass heuristische Taktiken für Schadsoftware-Modifikationen kurzfristig dominieren werden. Zum gegenwärtigen Zeitpunkt sieht es so aus, dass die Generierung korrekter Programmlösungen für nichttriviale algorithmische Aufgaben ein praktisch teurer Prozess ist. Er erfordert eine große Menge an teuren Rechenressourcen und elektrischer Energie. Die Aussichten für offensive Anwendungen sind deshalb aus wirtschaftlichen Gründen fragwürdig. Es ist nicht klar, wie es sich mit dem Moduskollaps, dem Verschwinden des Gradienten und anderen Problemen bei diesen Modellen verhält. Alle Arbeiten, die offensive Szenarien betrachten, nehmen Änderungen an den Merkmalsvektoren für ein bestimmtes Modell vor, um eine Entdeckung zu vermeiden oder sie hängen synthetische Daten an das Ende einer Datei an. [Fortsetzung auf der nächsten Seite]

E5A14	Solche Transformationen sind sehr schwach und machen keinen Sinn, wenn es darum geht, die Erkennung von Verhaltensweisen und sogar die Erkennung durch statische Merkmale zu vermeiden. Ein Bedrohungsakteur muss ein voll funktionsfähiges Programm als Ausgabe erzeugen können. Die wirtschaftliche Rentabilität (wie viel Geld und für wie lange) kann eine Schlüsselrolle spielen, wenn ein Bedrohungsakteur Mittel wählt, um mit seinem Angriff kommerzielle Ziele zu erreichen.
F15	Gehen Sie von einem zukünftigen Anstieg der sich im Umlauf befindenden Schadprogramme hinsichtlich ihrer Qualität und Quantität aus, der im Zusammenhang mit der Verwendung von GANs steht?
E5A15	Aktuell kann ich eine solche Entwicklung nicht erkennen. Es sollten bei der Erzeugung von adversarialen Beispielen gültige Programme oder kompilierte Binärdateien entstehen und nicht nur ein Feature-Vektor. Synthetische Schadsoftware sollte garantiert funktionsfähig sein. Es kann zu teuer werden, wenn ein Angriff auf ein vielversprechendes Ziel aufgrund von Fehlern in einem von einem GAN generierten Schadprogramm fehlschlägt. Moderne Schadprogramme sind eine komplizierte Software und komplexer als beispielsweise Bilddateien, die als Punkte in einem kontinuierlichen Raum dargestellt werden können. Während es für Bilddateien meist unkritisch ist, kleine Änderungen vorzunehmen, können selbst kleinste Änderungen im Code von Schadsoftware kritische Auswirkungen auf die Funktionalität verursachen. Für einen Bedrohungsakteur wäre es hilfreich, ein ausführbares Paket mit einer ausführlichen Beschreibung der Hauptfunktionen und dem gewünschten Grad der Verschleierung oder Tarnung als gutartige Software zu erstellen. Es sieht so aus, als ob diese Anforderungen im Moment nicht realisierbar sind. Dennoch ist dies eine Richtung aktiver Forschung.
F16	Gehen Sie davon aus, dass präventive Maßnahmen zur Verhinderung gezielter GAN-basierter Angriffe, wie beispielsweise die Modellverschleierung, weiter ausgebaut müssen? Welche Konzepte werden hierbei berücksichtigt?

E5A16	In der Realität hat ein Angreifer einen minimalistischen Blackbox-Zugang zu verschiedenen Erkennungstechnologien eines Cybersicherheitsprodukts. Der Zugang kann durch technische und kryptografische Mittel erschwert werden, was massive Angriffe unrentabel macht. Ein Erkennungssystem ist zudem aufgrund seiner vielschichtigen Architektur für Außenstehende nicht ergründbar.
F17	Überwiegen Ihrer Meinung nach die Nutzungspotenziale einer defensiven Nutzung von GANs gegenüber einer offensiven?
E5A17	Zusammenfassend lässt sich sagen, dass für offensive Anwendungen von GANs die Generierung korrekter ausführbarer Programme sowie die wirtschaftliche Rentabilität entscheidend sind. Für defensive Anwendungen ist der Einfluss auf die Verteilungsverschiebung und die Falsch-Positiv-Rate in der realen Welt von großer Bedeutung. Meiner Meinung nach ist die Aufgabe, nicht triviale funktionierende Programme mit der gewünschten Funktionalität durch eine kontinuierliche Einbettung zu erzeugen, viel schwieriger als die Ausnutzung der Idee des GAN selbst. Aber ohne die Fähigkeit, korrekte Programme zu generieren, ist es schwierig, praktisch signifikante Ergebnisse für offensive Zwecke zu erzielen. Und für defensive Zwecke ist dieser Ansatz zweifellos begrenzt.
F18	Welche Informationen, die nicht innerhalb der Fragen thematisiert wurden, möchten Sie noch mitteilen? (optional)
E5A18	Um die Schwierigkeiten und Grenzen bei der Codegenerierung aufzuzeigen, sollten wir erfolgreiche Forschungen wie GitHub Copilot, OpenAI Codex und vor allem Deepminds AlphaCode betrachten, die die fortschrittlichsten Ergebnisse bei der algorithmischen Problemlösung zeigen. AlphaCode basiert auf einem großen Sprachmodell, das unüberwacht trainiert und mit einem relativ kleinen Datensatz von wettbewerbsfähigen Programmierproblemen und deren Lösungen feinabgestimmt wurde. [Fortsetzung auf der nächsten Seite]

<table>
<tr><td>E5A18</td><td>Das trainierte generative Modell sammelt Varianten möglicher Lösungen, die dann gefiltert und geclustert werden, um die besten zehn korrekt funktionierenden Kandidatenprogramme für die Eingabe in ein Bewertungssystem zu erzeugen. Es gibt hierbei allerdings drei wesentliche Einschränkungen:

1. Die sich daraus ergebende Lösungsrate hängt exponentiell von der Anzahl der vom Generator betrachteten Kandidaten zur Lösung des Problems ab. In einer Filterungsphase wird eine Lösung aus einer Stichprobe von Kandidaten kompiliert und ausgeführt, um die Tests zu durchlaufen und ihre Korrektheit zu überprüfen. Bei großen Stichproben wird die Filterungsphase zu rechenintensiv.

2. Die Korrektheit der Lösungsvorschläge wird anhand der Ausführung von Testeingaben geschätzt. Auch die Ähnlichkeit zwischen zwei Lösungen basiert auf den Ausgaben für die Testeingaben. Daher ist die Verfügbarkeit umfangreicher Tests mit richtigen Antworten ein wichtiger Bestandteil des Systems.

3. Experimente haben gezeigt, dass AlphaCode derzeit bessere Lösungen bei einfachem und kürzerem Code liefert, während es bei komplizierteren Aufgaben schlechtere Ergebnisse liefert. Allerdings sind Schadprogramme oft eine komplexe Software mit einer erheblichen Menge an Code.</td></tr>
</table>

A.6. Hierarchie des Kategoriesystems

- **Praktische Anwendbarkeit von GANs**
  - Begünstigungen
  - Einschränkungen

- **Leistung von GANs-basierten Ansätzen zur Verbesserung von Schadsoftware-Detektoren**
  - Steigerung
  - Einschränkungen
  - Vergleich mit anderen Ansätzen

- **Verschiedene Anwendungsmöglichkeiten von GANs**

- **Anwendung und Berücksichtigung von GANs bei Entwicklungen**
  - aktuell
  - zukünftig

- **Kriminelle Nutzung von GANs**
  - aktuell
  - zukünftig
  - Begünstigungen
  - Einschränkungen
  - Gegenmaßnahmen

- **Auswirkungen der Verwendung von GANs auf das Tätigkeitsprofil von Experten**

A.7. Kategorisierung der relevanten Textsegmente

Tabelle A.6.: Praktische Anwendbarkeit von GANs - Begünstigungen
(eigene Darstellung)

Quelle	Aussage
E4A3	Die Anwendbarkeit von GANs konnte in den letzten Jahren gesteigert werden. Das hängt vor allem mit einer erhöhten Stabilität der Modelle während des Trainigs und einem besseren Verständnis darüber zusammen, wie Trainingsdaten vorbereitet werden müssen. Das betrifft auch den Einsatz bei Schadsoftware-Detektoren.

Tabelle A.7.: Praktische Anwendbarkeit von GANs - Einschränkungen
(eigene Darstellung)

Quelle	Aussage
E1A10	[...] Es [ist] sehr schwierig, mit einem GAN funktionierende Schadsoftware zu erzeugen.
E2A3	Die praktische Anwendbarkeit von GANs scheint derzeit limitiert. Viele Forschungsansätze skalieren nicht auf reale Anwendungsfälle, sondern funktionieren nur auf den beschränkten, teils künstlich erzeugten, Datensätzen aus den Publikationen.
E2A10	Bei klassischen Anwendungsszenarien von GANs wie der Bildsynthese können menschliche Experten leicht einschätzen ob die entstandene Ausgabe realistisch ist oder nicht. Bei künstlich erzeugten Daten, die Schadsoftware imitieren sollen, ist es indes nur schwer einschätzbar, ob diese auch einem realistischen Szenario entsprechen.

E2A18	Im Vergleich zur Bild- und Sprachsynthese scheint es einen gravierenden Mangel an Open-Source-Datensätzen im Bereich GAN und IT-Sicherheit zu geben. Die Weiterentwicklung und Anwendbarkeit von GAN-basierten Ansätzen in der Domäne steht und fällt [...] mit der Verfügbarkeit solcher Datensätze.
E3A3	Normalerweise sind diese Systeme (zur Schadsoftware-Erkennung) jedoch ziemlich komplex und beinhalten mehrere Komponenten, bei denen GANs nicht anwendbar sind.
E3A10	In der IT-Sicherheit bestehen Schwierigkeiten bei der Abbildung des Problemraums, d.h. Binärdateien mit generierten Merkmalen, die in maschinellen Lernmodellen, einschließlich GANs, verwendet werden können. Die meisten Ansätze [...] arbeiten nur im Merkmalsraum und erzeugen keine modifizierten Binärdateien. Dies ist eine Einschränkung, die jedoch überwunden werden kann, wenn man die generierten Daten zum Trainieren der Erkennungsmodelle verwendet. Ein weiteres Problem ist, dass GANs zwar im Bereich der Bilderzeugung große Fortschritte gemacht haben, allerdings bin ich mir nicht sicher, ob sie bei sicherheitsrelevanten Daten genauso gut funktionieren.
E4A3	Allerdings sind die meisten [GAN-basierten] Ansätze hierfür (zur Schadsoftwareerkennnung) nach wie vor experimentell.
E4A5	Eine Verbesserung [der Leistung von GANs] kann aber nicht pauschal angenommen werden, da hierfür viele Faktoren ausschlaggebend und realitätsgenaue Bedingungen schwierig zu gewährleisten sind.
E4A7	Ein möglicher Grund, der eine schnellere Entwicklung von GANs verhindert, ist die Komplexität. Es ist oftmals nicht nachvollziehbar, welcher Parameter welchen Einfluss auf die Ausgaben hat.
E4A9	Das adversariale Training ist im Schadsoftware-Bereich fragwürdig, da es den Klassifikator auch verfälschen kann.
E4A10	Weitere Probleme sind nach wie vor die Komplexität und die Interpretation und der damit verbundene Aufwand bei der Entwicklung von GANs.

E5A3	Es ist problematisch, bei der Erzeugung von Daten die Stabilität des Trainingsprozesses sicherzustellen. Gleichzeitig ist es schwierig, die erzeugten Daten zu validieren, um die Qualität der Ausgaben gewährleisten zu können. Qualitätsmetriken für generative Modelle sind im Allgemeinen ein sehr wichtiger Punkt. Für GANs auf dem Gebiet der Bilderzeugung erfolgt eine Sicherstellung der Qualität durch qualitativ hochwertige Bildklassifikatoren und die Fähigkeit, Ähnlichkeiten zwischen Bildern berechnen zu können. Alle Techniken zur Verbesserung des Trainingsprozesses und der Qualität von GANs zielen in erster Linie auf den Bildbereich ab. Deren Effizienz in anderen Domänen wie der Erzeugung von Schadprogrammen ist unklar. Offensive Anwendungen von GANs zielen in der Praxis darauf ab, bereits vorhandene Schadsoftware zu verändern, um die Erkennung durch eine bestimmte Gruppe von Cybersicherheitsprodukten zu vermeiden. Aus wirtschaftlicher Sicht müssen Werkzeuge hierfür möglichst ressourcensparend sein und gleichzeitig garantieren, dass die erstellten Schadprogramme stabil und funktional korrekt sind und eine Erkennung anhand ihres Verhaltens sowie statischer Merkmale vermeiden. Die Komplexität des Generierungsprozesses wird dadurch extrem erhöht.
E5A5	Die hohe Qualität eines Detektormodells für [...] synthetischen Proben aus einer [von GANs erzeugten] realitätsfernen Verteilung ist für die Erkennung in der realen Welt nicht sinnvoll und macht den Aufwand hinsichtlich zusätzlicher Ressourcen und Zeit für ein Training eines Modells mit solchen synthetischen Daten unrentabel. Es gibt also kein erzeugbares Objekt, sprich Binär- oder Quellcode, der für das Training von statischen Erkennungsmodellen sowie für Verhaltensmodelle verwendet werden könnte.

<table>
<tr><td>E5A10</td><td>Bei offensiven Anwendungen ist die kontrollierte Programmerstellung mit Qualitätsgarantien der größte Engpass und das komplexeste Problem. Meiner Meinung nach liegt dies außerhalb der Möglichkeiten von GAN-Architekturen. Bei defensiven Anwendungen zur Datenerweiterung leiden GANs unter einem geringen Maß an Kontrolle und einem riskanten, unvorhersehbaren Einfluss auf die Verteilung der Trainingsdaten eines Erkennungsmodells und die daraus resultierende verminderte Qualität im Falle eines fehlerhaften GAN-Trainings. Der Trainingsprozess von GANs ist selbst für Bilder kompliziert und erfordert eine manuelle Kontrolle und Analyse. Man benötigt einen gut trainierten Klassifikator, um die Wahrscheinlichkeiten der Klassen für jedes der generierten Bilder zu bestimmen. Zur Einschätzung der Realitätsnähe von erzeugten Beispielen benötigt man auch einen Klassifikator, der die Einbettung zur Merkmalsextraktion und Ähnlichkeitsberechnung nutzt. Es kann notwendig sein, während des Trainings eine visuelle Inspektion der erzeugten Bilder vorzunehmen, da es keine völlig ausreichende Metrik für die Qualität gibt. FID und Inception Score bieten einen groben Näherungswert für den Vergleich multimodaler Verteilungen. Sie funktionieren aber nicht immer gut. Bei Bildern spielt also die einfache visuelle Interpretierbarkeit während des Modelltrainings und der Schätzung eine wichtige Rolle. Bei Binärdateien oder Programmquellen ist es viel komplizierter, da sie nicht intuitiv validiert werden können. Im Bereich der Cybersicherheit gibt es derzeit keine universellen und erfolgreichen Klassifizierer von binären ausführbaren Dateien oder Quellcode. Wir stehen vor einer gegenteiligen Situation: Es gibt viele Trainingsdaten und Schwierigkeiten, Klassifikatoren zu trainieren, die den Sicherheitsanforderungen für die autonome Erkennung und Verhinderung von schadhaftem Verhalten entsprechen. Ein weiteres Problem bei der Freigabe von Erkennungsalgorithmen für die Produktion ist die unterschiedliche Verteilung von Trainingsdatensätzen im Labor und in der realen Welt. [Fortsetzung auf der nächsten Seite]</td></tr>
</table>

E5A10	Solche Verschiebungen können zu falsch-positiven Ergebnissen oder einer niedrigen Erkennungsrate führen, nachdem ein Detektor für die Produktion freigegeben wurde. Hierfür gibt es viele Gründe. Zum Beispiel erzeugt die Infrastruktur von Sicherheitsanbietern eine spezifische Verteilung von Objekten. Roboter, Crawler, der Austausch von Sammlungen zwischen Anbietern - all diese Mechanismen verursachen aufgrund ihrer Implementierungsspezifika (Zeitpläne, Algorithmen, Duplikate usw.) Verzerrungen in den Datensätzen im Vergleich zur realen Verteilung. Die vom GAN erzeugten Muster hängen vollständig von der Verteilung der Trainingsdaten ab - sie erzeugen mit einer höheren Wahrscheinlichkeit Beispiele entsprechend der Häufigkeit der Daten in einem Trainingsdatensatz. Daten, die seltenen Mustern in der Verteilung des Trainingsdatensatzes ähneln, werden ebenfalls selten und wahrscheinlich mit geringerer Qualität erzeugt, da der Generator während des Trainings auf seltene Objekte weniger Feedback vom Diskriminator erhält. Infolgedessen können die generierten Stichproben eine noch deutlichere Abweichung zwischen der Verteilung des Trainingsdatensatzes im Labor und der realen Welt bewirken, wenn unser Trainingsdatensatz im Labor bereits eine Abweichung aufweist. Oftmals kann dieses Problem erst beobachtet werden, wenn das Modell für die Live-Erkennung freigegeben wird. Für Aufgaben der Datenerweiterung scheint es geeignet, Merkmalsvektoren anstelle ganzer Objekte zu erzeugen. Dies macht den Ansatz zur Generierung jedoch sehr modellspezifisch. Es ist nicht klar, ob er von Erkennungsmodellen mit statischen Merkmalen auf Verhaltensmodelle übertragen werden kann.

E5A12	Die Generierung von Daten mit gewünschten Eigenschaften ist ein wichtiger Punkt, insbesondere im Fall von Cybersicherheitsanwendungen. Die kontrollierte Generierung von Daten mit gewünschten Eigenschaften ist selbst bei Bildern eine anspruchsvolle Aufgabe. Bei GANs erfordert die kontrollierte Generierung eine Analyse des latenten Raums eines Generators und eine Interpretation der verschiedenen Richtungen im latenten Raum. Dies ist selbst bei einer kontinuierlichen Bildverteilung eine nicht triviale Aufgabe. Sie kann näherungsweise für hochrangige Merkmale gelöst werden. Die Suche nach solchen sinnvollen Richtungen im latenten Raum erfordert das Vorhandensein eines geeigneten Merkmalsdetektors. Dieser wird verwendet, um das Vorhandensein gewünschter Merkmale in einem Bild zu überprüfen. Im Falle von Codegenerierungsaufgaben stellt sich eine solche Analyse des latenten Raums im Vergleich zu Bildern als eine viel kompliziertere Aufgabe dar. Die Änderung eines einzigen Symbols in einem Quellcode kann das Verhalten eines Programms ändern oder seine Logik komplett zerstören. Wir benötigen einige automatische Tests oder Detektoren, die uns während der Suche darüber informieren, ob die gesampelten Programme die gewünschte Eigenschaft besitzen oder nicht. In der Theorie ist diese Aufgabe algorithmisch unlösbar. In der Praxis müssen wir bereits in der Lage sein, solche Merkmale mit hoher Genauigkeit zu erkennen. Die Sicherstellung der Validität und Qualität generierter Daten und die Entwicklung von Werkzeugen, die genau das sicherstellen sollen, ist deshalb eine zusätzliche Erschwernis für Sicherheitsexperten.
E5A14	Für offensive Anwendungen sehe ich aufgrund der Komplexität des Problems in naher Zukunft keine praktisch rentable Perspektive für GANs oder andere Ansätze zur generativen Modellierung. Zum gegenwärtigen Zeitpunkt sieht es so aus, dass die Generierung korrekter Programmlösungen für nichttriviale algorithmische Aufgaben ein praktisch teurer Prozess ist. Er erfordert eine große Menge an teuren Rechenressourcen und elektrischer Energie. Es ist nicht klar, wie es sich mit dem Moduskollaps, dem Verschwinden des Gradienten und anderen Problemen bei diesen Modellen verhält.

E5A17	Zusammenfassend lässt sich sagen, dass für offensive Anwendungen von GANs die Generierung korrekter ausführbarer Programme sowie die wirtschaftliche Rentabilität entscheidend sind. Für defensive Anwendungen ist der Einfluss auf die Verteilungsverschiebung und die Falsch-Positiv-Rate in der realen Welt von großer Bedeutung. Meiner Meinung nach ist die Aufgabe, nicht triviale funktionierende Programme mit der gewünschten Funktionalität durch eine kontinuierliche Einbettung zu erzeugen, viel schwieriger als die Ausnutzung der Idee des GAN selbst. Aber ohne die Fähigkeit, korrekte Programme zu generieren, ist es schwierig, praktisch signifikante Ergebnisse für offensive Zwecke zu erzielen. Und für defensive Zwecke ist dieser Ansatz zweifellos begrenzt.

Tabelle A.8.: Leistung von GANs - Steigerung (eigene Darstellung)

Quelle	Aussage
E1A6	Langfristig werden diese (GAN-generierte Schadprogramme) dazu beitragen, Schadsoftware-Erkennungssysteme zu verbessern, aber mir sind bis heute keine eindeutigen Beweise dafür bekannt, dass dies der Fall ist.
E1A7	[...] Ich gehe davon aus, dass GANs in den nächsten Jahren eine der [...] Schlüsseltechniken des ML sein werden, um die Schadsoftware-Erkennung zu verbessern. [...] Auf diesem Gebiet mit GANs [wird] viel geforscht, was den Stand der Technik unweigerlich vorantreiben wird.
E1A9	Das Standard-GAN-Modell bringt für das adversariale Training den wichtigsten potenziellen Vorteil. Im Prinzip wird ein solcher adversarialer Ansatz wahrscheinlich besser abschneiden als herkömmliche Ansätze.
E1A15	Ja, da das Interesse an GANs so groß ist, gibt es allen Grund zu der Annahme, dass die Techniken verbessert und ein weiteres Instrument im Wettrüsten zwischen Schadsoftware-Entwicklern und Schadsoftware-Abwehr werden.
E3A3	Systeme, die maschinelle Lernkomponenten zur Schadsoftware-Erkennung verwenden, können bereits heute von GANs profitieren.

E3A5	Aus Forschungssicht [konnte die Leistung von Schadsoftware-Detektoren durch adversariales Training verbessert werden], aber es ist ungewiss, ob die Industrie diese Art von Technologie nutzt.
E3A9	Durch die Modellierung von Schadsoftware-Verhalten, das in den heutigen Ansätzen zu kostspielig ist [, können Schadsoftware-Detektoren leistungs-fähiger gemacht werden].
E3A10	Die meisten Ansätze [...] arbeiten nur im Merkmalsraum und erzeugen keine modifizierten Binärdateien. Dies ist eine Einschränkung, die jedoch überwunden werden kann, wenn man die generierten Daten zum Trainie-ren der Erkennungsmodelle verwendet.
E4A5	[...] Untersuchungen haben gezeigt, dass die Erkennungsleistung gegen-über Schadsoftware je nach Modell durch adversarial Training im geringen Maße gesteiert werden kann.
E4A7	GANs sind Gegenstand aktueller Forschungen und es ist zu erwarten, dass deren Effizienz kontinuierlich zunehmen wird.
E5A8	Generell nehme ich an, dass die Anwendung von generativen Modellen zur Verbesserung des Trainingsprozesses eine sehr aussichtsreiche For-schungsrichtung ist. Ich bin mir jedoch nicht sicher, ob eine bestimmte GAN-Architektur aufgrund der von mir beschriebenen Aspekte hier gut passt.
E5A9	Trotz der Komplexität erscheint die Generierung realistischer gutartiger Proben zur Minimierung von Fehlalarmen in einigen Fällen sehr aussichts-reich. Beispielsweise ist das Sammeln eines großen und vielfältigen Satzes von Sandbox-Protokollen für gutartige Software eine teure und schwierige Aufgabe. Sie ist jedoch sehr wichtig für das erfolgreiche Training von Er-kennungsprogrammen für bösartiges Verhalten. Generative Modelle könn-ten helfen, dieses und ähnliche Probleme zu lösen.

Tabelle A.9.: Leistung von GANs - Einschränkungen (eigene Darstellung)

Quelle	Aussage
E1A5	In unserer Forschung haben wir keine dramatische Verbesserung durch das adversariale Training mit GANs beobachtet.
E1A7	[...] Forscher [...] [waren] noch nicht in der Lage [...], die Möglichkeiten des Generators von GANs im Schadsoftware-Bereich voll auszuschöpfen.
E1A10	[...] Wir [haben] auch festgestellt, dass es mit anderen Lerntechniken normalerweise einfach ist, die von GANs erzeugten adversarialen Beispiele von echter Schadsoftware zu unterscheiden, was auch in anderen Bereichen zuzutreffen scheint, in denen GANs verwendet werden [...]. Dies deutet darauf hin, dass die adversarialen Beispiele zwar für Menschen überzeugend sein können, aus Sicht des maschinellen Lernens jedoch (noch) nicht so beeindruckend sind.
E1A14	Dies (die Ähnlichkeit GAN-basierter Schadsoftware mit metamorpher Schadsoftware) hängt jedoch davon ab, ob der generierende Aspekt eines GAN so weit optimiert wird, dass die synthetische Schadsoftware effektiver und auch schwerer zu erkennen ist. Selbst in Anbetracht der Forschungsliteratur bin ich nicht davon überzeugt, dass eine dieser beiden Hürden bisher wirksam überwunden wurde.
E2A5	Wenn, dann [hat sich die Leistung von Schadsoftware-Detektoren durch adversariales Training] nur in äußerst beschränktem Rahmen [erhöht], bspw. um unerwartete Eingaben für Erkennungssysteme zu erzeugen, im Prinzip vergleichbar mit gezieltem Fuzz-Testing.
E2A7	Unsere Wahrnehmung ist, dass sich ein derartiger Trend [zur zukünftigen Steigerung der Leistung von Schadsoftware-Detektoren durch GANs] aktuell nicht abzeichnet. Da es sich aber um ein relatives junges Themengebiet handelt, ist es auch nicht auszuschließen.
E3A10	In der IT-Sicherheit bestehen Schwierigkeiten bei der Abbildung des Problemraums, d.h. Binärdateien mit generierten Merkmalen, die in maschinellen Lernmodellen, einschließlich GANs, verwendet werden können. Die meisten Ansätze [...] arbeiten nur im Merkmalsraum und erzeugen keine modifizierten Binärdateien.

E4A5	Unsere Experimente haben außerdem in einigen Fällen ergeben, dass die Erkennungsrate beim Testen mit echter Schadsoftware nach einem adversarialen Training ungenauer wurde.
E5A5	Ich bin mir nicht sicher, ob das adversariale Training ein guter Ansatz zur Verbesserung der Trainingsergebnisse ist. Möglicherweise sind Ideen des kooperativen Trainings auf synthetischen Mustern wie Generative Teaching Networks (GTN) und ähnliche Ansätze vielversprechender, da sie das Ziel - eine hohe Qualität des gelernten Modells - auf einfachere Weise erreichen. Weiterhin wird einerseits ein Modell nicht verbessert, wenn das GAN Proben reproduziert, die dem Trainingsdatensatz sehr ähnlich sind. Es handelt sich lediglich um eine weitere Trainingsepoche auf demselben Datensatz. Andererseits kann durch einen Moduskollaps eine zu geringe Varietät der Daten verursacht werden. Infolgedessen wird die Verteilung auf bestimmte Arten von Stichproben verschoben. Oder die Realitätstreue der Stichproben ist gering und entspricht keinem realisierbaren Programm. Mit anderen Worten: Programme mit solchen Merkmalen können in der realen Welt nicht erstellt werden.
E5A7	Eine Steigerung der Leistung von Detektoren im Sinne einer erhöhten Erkennungsgenauigkeit durch GANs erwarte ich derzeit nicht. Das Modelltraining mit Daten, die einem originalen Datensatz ähneln, mit dem bereits ein Training erfolgt ist, bringen keine Verbesserung sondern eher eine Verschlechterung durch eine Verteilungsverschiebung.
E5A10	Bei defensiven Anwendungen zur Datenerweiterung leiden GANs unter einem geringen Maß an Kontrolle und einem riskanten, unvorhersehbaren Einfluss auf die Verteilung der Trainingsdaten eines Erkennungsmodells und die daraus resultierende verminderte Qualität im Falle eines fehlerhaften GAN-Trainings.

Tabelle A.10.: Leistung von GANs - Vergleich mit anderen Ansätzen
(eigene Darstellung)

Quelle	Aussage
E1A3	[...] GAN-basierte Detektoren [sind] in der Regel gegenüber anderen hochmodernen ML-basierten Erkennungs- und Klassifizierungstechniken konkurrenzfähig [...].
E1A5	[...] Die Klassifizierungsergebnisse von GANs [sind] mit denen anderer Schadsoftware-Erkennungsmethoden vergleichbar, aber nicht wesentlich besser.

Tabelle A.11.: Verschiedene Anwendungsmöglichkeiten von GANs
(eigene Darstellung)

Quelle	Aussage
E1A6	Für das adversariale Training haben wir bisher ausschließlich die vom GAN-Generator erzeugten Schadsoftware-Beispiele betrachtet.
E2A6	Die Erzeugung neuer Datensätze basierend auf existierenden Daten [ist eine weitere Nutzungsmöglichkeit von GANs]. Dies kann bspw. dann interessant sein, wenn die vorliegenden Daten auf Grund von Datenschutz nicht direkt genutzt werden können oder nicht genug Daten vorliegen.
E3A4	[...] Ich würde erwarten, dass sie (die AV-Software-Entwickler) GANs in gewisser Weise zu Testzwecken verwenden.
E3A6	GANs können verwendet werden, um verschiedene Verhaltensweisen zu modellieren, darunter gutartiges Verhalten (im Netzwerk) oder sogar gutartige Binärdateien.
E3A7	Es ist sicherlich ein Vorteil, dynamisches Schadsoftware-Verhalten zu modellieren, da es kostspieliger ist, Millionen von Binärdateien in Sandbox-Umgebungen auszuführen.
E3A8	Ich bin mir nicht sicher, ob sie (GANs zur Verbesserung von Schadsoftware-Detektoren) zum Standard werden, aber sie sind sicherlich ein Werkzeug, das auf verschiedene Arten verwendet werden kann.

E3A9	Durch die Modellierung von Schadsoftware-Verhalten, das in den heutigen Ansätzen zu kostspielig ist [, können Schadsoftware-Detektoren leistungsfähiger gemacht werden].
E4A4	[...] Wir [verwenden] u.a. GANs für Tests, um die möglichen Reaktionen der Detektoren auf metamorphe Schadsoftware zu untersuchen.
E4A5	Ein Training unserer Detektoren mit generierten Beispielen findet derzeit nicht statt.
E4A6	[...] Wir [verwenden] GANs, um die Leistung unserer Detektoren gegenüber neuer Schadsoftware zu untersuchen, indem wir die Menge der vorhandenen Daten erweitern. Mir sind andere Ansätze aus der Forschung bekannt, bei denen verschleierte Schadsoftware mit GANs rekonstruiert werden kann, aber das ist eher experimentell.
E5A4	[...] Wir [haben] aber auch Erfahrung mit der Generierung und dem Einsatz adversarialer Beispiele beim Training von Detektoren zur Minimierung von Fehlalarmen, um ein besseres Verständnis unserer Modelle zu erreichen.
E5A6	Die Techniken zur Datenerweiterung können beispielsweise zur Anreicherung von Trainingsdatensätzen eingesetzt werden. Es ist jedoch notwendig, ein klares Verständnis dafür zu haben, welche Probleme damit gelöst werden sollen. Heutzutage verfügen Anbieter von Cybersicherheitslösungen über riesige Datensätze mit gutartigen und bösartigen Objekten, bestehend aus hunderten von Millionen oder sogar Milliarden von gelabelten Daten, die jedoch nicht immer effizient genutzt werden. Es lässt sich darüber streiten, welches die aussichtsreichsten Wege sind, um eine hohe Erkennungsrate mit extrem niedrigen Fehlalarmen zu erreichen. Datensatzoptimierungen, Subsampling, Destillation, Überprüfung von Labels, Verwendung von nicht gelabelten Daten usw. sind Ansätze, um die Verteilungsabweichung zwischen der Trainingsverteilung und der realen Verteilung zu verringern, die auf ein Cybersicherheitsprodukt im autonomen Präventionsmodus angewendet werden. Im Zusammenhang mit GAN ist es weniger kritisch, Objektbeschreibungen oder Merkmalsvektoren zu generieren, als vollwertige Programme auszuführen.

E5A9	Trotz der Komplexität erscheint die Generierung realistischer gutartiger Proben zur Minimierung von Fehlalarmen in einigen Fällen sehr aussichtsreich. Beispielsweise ist das Sammeln eines großen und vielfältigen Satzes von Sandbox-Protokollen für gutartige Software eine teure und schwierige Aufgabe. Sie ist jedoch sehr wichtig für das erfolgreiche Training von Erkennungsprogrammen für bösartiges Verhalten. Generative Modelle könnten helfen, dieses und ähnliche Probleme zu lösen.
E5A10	Für Aufgaben der Datenerweiterung scheint es geeignet, Merkmalsvektoren anstelle ganzer Objekte zu erzeugen. Dies macht den Ansatz zur Generierung jedoch sehr modellspezifisch. Es ist nicht klar, ob er von Erkennungsmodellen mit statischen Merkmalen auf Verhaltensmodelle übertragen werden kann.

Tabelle A.12.: Anwendung und Berücksichtigung bei Entwicklungen von GANs - aktuell (eigene Darstellung)

Quelle	Aussage
E1A4	[...] GANs sind ein heißes Forschungsthema, weshalb ich vermute, dass die Leute in der Industrie GANs große Aufmerksamkeit schenken.
E2A4	Kommerzielle Anwendungen [von GANs zur Verbesserung von Schadsoftware-Detektoren] sind uns bislang nicht bekannt.
E2A17	Die Situation scheint [zwischen defensiven und offensiven Ansätzen von GANs] relativ ausgewogen. Die Mehrzahl der Ansätze kann sowohl defensiv als auch offensiv eingesetzt werden.
E3A5	Aus Forschungssicht [konnte die Leistung von Schadsoftware-Detektoren durch adversariales Training verbessert werden], aber es ist ungewiss, ob die Industrie diese Art von Technologie nutzt.
E4A4	[...] Wir [verwenden] u.a. GANs für Tests, um die möglichen Reaktionen der Detektoren auf metamorphe Schadsoftware zu untersuchen. Inwieweit andere Entwickler GANs nutzen, entzieht sich meiner Kenntnis.

E4A10	Das [bisher mit GANs keine funktionsfähige Schadsoftware erzeugt werden konnte] ist auch der Grund, warum wir aktuell adversariales Training mit generierten Daten ausschließen, weil die Detektoren nicht darauf trainiert werden sollen, unechte Schadsoftware zu erkennen.
E5A4	Unser Unternehmen verfügt über riesige gelabelte Datensätze, die regelmäßig aktualisiert werden. Außerdem verfügen wir über große Mengen an ungelabelten Daten. In einer solchen Situation haben effizientes und effektives Training, das Verstehen der Gründe für Verteilungsverschiebungen, die Qualität des Labelprozesses, die Nutzung von nicht beschrifteten Daten und Neural Architecture Search (NAS) eine höhere Priorität als die Generierung neuer Schadsoftware-Beispiele. Gleichzeitig haben wir aber auch Erfahrung mit der Generierung und dem Einsatz adversarialer Beispiele beim Training von Detektoren zur Minimierung von Fehlalarmen, um ein besseres Verständnis unserer Modelle zu erreichen. Dies ist jedoch als Heuristik mit einem hohen Maß an Kontrolle in Übereinstimmung mit den Aufgabenspezifika implementiert. Bei der präventiven Erkennung von Schadsoftware ist die Anzahl der Fehlalarme entscheidend. Unser Produkt entscheidet selbstständig, ob Software blockiert oder gar entfernt wird. Die Entfernung von gutartiger Software kann für Kunden existenzbedrohend sein und negative Konsequenzen für die Nachfrage an unserem Produkt haben. Bei der Auswahl eines Modells streben wir eine möglichst hohe Erkennungsrate an und garantieren gleichzeitig eine extrem niedrige Falsch-Positiv-Rate in unseren Datensätzen.

Tabelle A.13.: Anwendung und Berücksichtigung bei Entwicklungen von GANs - zukünftig (eigene Darstellung)

Quelle	Aussage
E1A6	Langfristig werden diese (GAN-generierte Schadprogramme) dazu beitragen, Schadsoftware-Erkennungssysteme zu verbessern, aber mir sind bis heute keine eindeutigen Beweise dafür bekannt, dass dies der Fall ist.

E1A7	[...] Ich gehe davon aus, dass GANs in den nächsten Jahren eine der [...] Schlüsseltechniken des ML sein werden, um die Schadsoftware-Erkennung zu verbessern.
E1A8	[...] Ich erwarte, dass GANs sowohl in der Forschung als auch in realen Anwendungen an Bedeutung gewinnen werden.
E1A14	Ich denke, dass die Zukunft von GAN-generierter Schadsoftware wahrscheinlich ähnlich sein wird wie die frühere und aktuelle Verwendung von metamorphen Schadsoftware-Generatoren.
E1A17	Basierend auf den Untersuchungen, die ich gesehen habe, sind GANs immer noch ein eher potenzielles Problem in Bezug auf Schadsoftware, sowohl aus offensiver als auch aus defensiver Sicht.
E2A8	Es ist davon auszugehen, dass sich GANs in bestimmten Anwendungsszenarien durchaus etablieren werden. Es lassen sich aktuell jedoch keine Anzeichen erkennen, dass vorhandene Lösungsansätze [in der Schadsoftware-Erkennung] dadurch (durch GANs) ersetzt werden. GANs werden unseres Erachtens nach eher ein zusätzliches Werkzeug darstellen.
E2A9	Viele der Daten, die zur Analyse von Schadsoftware notwendig sind, bspw. Logs und Netzwerkdaten, sind nicht in ausreichendem Maße vorhanden. Der Anteil der darin enthaltenen Datenbeispiele für die Auswirkung von Schadsoftware ist zusätzlich begrenzt. Auf diesem Gebiet könnten GANs potenziell dazu beitragen zusätzliches Datenmaterial zu generieren.
E3A7	Es ist sicherlich ein Vorteil, dynamisches Schadsoftware-Verhalten zu modellieren, da es kostspieliger ist, Millionen von Binärdateien in Sandbox-Umgebungen auszuführen.
E3A8	Ich bin mir nicht sicher, ob sie (GANs zur Verbesserung von Schadsoftware-Detektoren) zum Standard werden, aber sie sind sicherlich ein Werkzeug, das auf verschiedene Arten verwendet werden kann.
E4A7	Davon (durch die Effizienzsteigerung von GANs) kann auch die Entwicklung von Sicherheitssystemen profitieren, indem realistischere Testdaten erzeugt werden können.
E4A8	[...] GANs sind eher als Hilfsmittel zu begreifen.

E5A8	Generell nehme ich an, dass die Anwendung von generativen Modellen zur Verbesserung des Trainingsprozesses eine sehr aussichtsreiche Forschungsrichtung ist. Ich bin mir jedoch nicht sicher, ob eine bestimmte GAN-Architektur aufgrund der von mir beschriebenen Aspekte hier gut passt.
E5A18	Um die Schwierigkeiten und Grenzen bei der Codegenerierung aufzuzeigen, sollten wir erfolgreiche Forschungen wie GitHub Copilot, OpenAI Codex und vor allem Deepminds AlphaCode betrachten, die die fortschrittlichsten Ergebnisse bei der algorithmischen Problemlösung zeigen. AlphaCode basiert auf einem großen Sprachmodell, das unüberwacht trainiert und mit einem relativ kleinen Datensatz von wettbewerbsfähigen Programmierproblemen und deren Lösungen feinabgestimmt wurde. Das trainierte generative Modell sammelt Varianten möglicher Lösungen, die dann gefiltert und geclustert werden, um die besten zehn korrekt funktionierenden Kandidatenprogramme für die Eingabe in ein Bewertungssystem zu erzeugen. Es gibt hierbei allerdings drei wesentliche Einschränkungen: 1. Die sich daraus ergebende Lösungsrate hängt exponentiell von der Anzahl der vom Generator betrachteten Kandidaten zur Lösung des Problems ab. In einer Filterungsphase wird eine Lösung aus einer Stichprobe von Kandidaten kompiliert und ausgeführt, um die Tests zu durchlaufen und ihre Korrektheit zu überprüfen. Bei großen Stichproben wird die Filterungsphase zu rechenintensiv. 2. Die Korrektheit der Lösungsvorschläge wird anhand der Ausführung von Testeingaben geschätzt. Auch die Ähnlichkeit zwischen zwei Lösungen basiert auf den Ausgaben für die Testeingaben. Daher ist die Verfügbarkeit umfangreicher Tests mit richtigen Antworten ein wichtiger Bestandteil des Systems. 3. Experimente haben gezeigt, dass AlphaCode derzeit bessere Lösungen bei einfachem und kürzerem Code liefert, während es bei komplizierteren Aufgaben schlechtere Ergebnisse liefert. Allerdings sind Schadprogramme oft eine komplexe Software mit einer erheblichen Menge an Code.

Tabelle A.14.: Kriminelle Nutzung von GANs - aktuell (eigene Darstellung)

Quelle	Aussage
E1A11	Mir ist nicht bekannt, dass derzeit in der realen Welt GAN-generierte Schadsoftware im Umlauf ist. Und selbst wenn es solche Berichte gäbe, wären sie meiner Meinung nach suspekt.
E3A11	Mir ist bekannt, dass GAN-generierte Bilder für Phishing verwenden werden, aber nicht, um Schadsoftware zu erstellen.
E3A14	Im Moment haben Kriminelle effizientere Möglichkeiten, Erkennungssysteme zu umgehen und GANs können meines Wissens nach noch keine funktionierenden Schadsoftware-Binärdateien erstellen.
E3A17	Ich denke, dass [...] [die Nutzungspotenziale einer defensiven Nutzung von GANs einer offensiven überwiegen], zumindest was die Schadsoftware-Erkennung angeht.
E4A11	Ich kann mir [...] nicht vorstellen, dass derzeit solche (GAN-generierte) Schadsoftware existiert. Falls dem so sein sollte, lässt sich wahrscheinlich nicht rekonstruieren, ob die Schadsoftware von einem GAN stammt.
E5A11	Ich halte es für extrem unwahrscheinlich, dass aktuell auch nur ansatzweise vollwertige Schadsoftware mit GANs erstellt werden kann.
E5A13	Eine unzureichende Genauigkeit der Annäherung an ein reales Cybersecurity-Produkt durch ein Ersatzdetektormodell führt zu einer geringen Effizienz des Generierungsprozesses durch einen Angreifer. Die Fähigkeit zu solchen Approximationen ist eine offene Frage für die MalGAN-Architektur und deren Derivate. Bevor dieses Problem nebst der Fähigkeit zum Erzeugen funktionsfähiger Programme nicht gelöst ist, sehe ich bei Umgehungsangriffe keinen Motivationsfaktor für eine offensive Nutzung von GANs.

Tabelle A.15.: Kriminelle Nutzung von GANs - zukünftig (eigene Darstellung)

Quelle	Aussage
E1A13	[...] [Umgehungsangriffe sind] meiner Meinung nach eher eine zukünftige Bedrohung, aber ja, als mögliche zukünftige Bedrohung halte ich solche fortschrittlichen Angriffe für besorgniserregend.
E1A15	Ja, da das Interesse an GANs so groß ist, gibt es allen Grund zu der Annahme, dass die Techniken verbessert und ein weiteres Instrument im Wettrüsten zwischen Schadsoftware-Entwicklern und Schadsoftware-Abwehr werden.
E1A17	Ich denke, diese Frage (nach dem Überwiegen von defensiven Nutzungsmöglichkeiten von GANs gegenüber offensiven) ist noch nicht entschieden. Tatsächlich ist jede Sicherheitstechnologie ein zweischneidiges Schwert, und so sind GANs für Schadsoftware in dieser Hinsicht nichts Besonderes.
E3A14	Im Bereich der Netzwerksicherheit könnte Schadsoftware mit GANs verwendet werden, um eine Erkennung durch ein Intrusion Detection System zu umgehen.
E3A15	Diesbezüglich (zur Generierung von Schadsoftware) könnten GANs in Zukunft relevant werden, aber davon sind wir noch etwas weiter entfernt.
E4A14	Die Zukunft wird zeigen, ob eine Generierung echter Schadsoftware möglich sein wird. Diese muss dann auch auf ihre Funktionalität überprüft werden. Es bleibt auch abzuwarten, wie effizient diese Schadsoftware sein wird, um nicht erkannt zu werden.
E4A15	Es ist möglich [, dass die Quantität und Qualität von Schadsoftware durch GANs steigt], allerdings wird die Entwicklung noch weiter voranschreiten müssen.

E5A14	Für offensive Anwendungen sehe ich aufgrund der Komplexität des Problems in naher Zukunft keine praktisch rentable Perspektive für GANs oder andere Ansätze zur generativen Modellierung. Ich vermute, dass heuristische Taktiken für Schadsoftware-Modifikationen kurzfristig dominieren werden. Ein Bedrohungsakteur muss ein voll funktionsfähiges Programm als Ausgabe erzeugen können. Die wirtschaftliche Rentabilität (wie viel Geld und für wie lange) kann eine Schlüsselrolle spielen, wenn ein Bedrohungsakteur Mittel wählt, um mit seinem Angriff kommerzielle Ziele zu erreichen.
E5A15	Aktuell kann ich eine solche Entwicklung [zum zukünftigen Anstieg der sich im Umlauf befindenden Schadprogramme hinsichtlich ihrer Qualität und Quantität, der im Zusammenhang mit der Verwendung von GAN's steht] nicht erkennen. Es sollten bei der Erzeugung von adversarialen Beispielen gültige Programme oder kompilierte Binärdateien entstehen und nicht nur ein Feature-Vektor. Für einen Bedrohungsakteur wäre es hilfreich, ein ausführbares Paket mit einer ausführlichen Beschreibung der Hauptfunktionen und dem gewünschten Grad der Verschleierung oder Tarnung als gutartige Software zu erstellen. Es sieht so aus, als ob diese Anforderungen im Moment nicht realisierbar sind. Dennoch ist dies eine Richtung aktiver Forschung.

Tabelle A.16.: Kriminelle Nutzung von GANs - Begünstigungen
(eigene Darstellung)

Quelle	Aussage
E1A13	[...] [Umgehungsangriffe sind] meiner Meinung nach eher eine zukünftige Bedrohung, aber ja, als mögliche zukünftige Bedrohung halte ich solche fortschrittlichen Angriffe für besorgniserregend.
E1A15	Ja, da das Interesse an GANs so groß ist, gibt es allen Grund zu der Annahme, dass die Techniken verbessert und ein weiteres Instrument im Wettrüsten zwischen Schadsoftware-Entwicklern und Schadsoftware-Abwehr werden.

E1A16	Ich bin mir nicht sicher, inwiefern sich ein GAN-basierter Angriff von einem anderen Schadsoftware-Angriff unterscheiden würde, zumindest aus der Sicht eines Benutzers oder AV-Entwicklers. Das heißt, aus praktischer Sicht ist ein Schadsoftware-Angriff eben ein Schadsoftware-Angriff, und wenn GANs erfolgreich sind, werden wir wahrscheinlich nicht einmal wissen, dass die Schadsoftware GAN-generiert war.

Tabelle A.17.: Kriminelle Nutzung von GANs - Einschränkungen
(eigene Darstellung)

Quelle	Aussage
E2A16	[...] [Präventive Maßnahmen zur Verhinderung GAN-basierter Angriffe müssen weiter ausgebaut werden], allerdings werden anfällige Modelle meist nicht alleinstehend eingesetzt, wodurch die Angriffsfläche reduziert wird.
E3A14	Im Moment haben Kriminelle effizientere Möglichkeiten, Erkennungssysteme zu umgehen und GANs können meines Wissens nach noch keine funktionierenden Schadsoftware-Binärdateien erstellen.
E4A11	Ich kann mir [...] nicht vorstellen, dass derzeit solche (GAN-generierte) Schadsoftware existiert. Falls dem so sein sollte, lässt sich wahrscheinlich nicht rekonstruieren, ob die Schadsoftware von einem GAN stammt.
E4A13	Möglicherweise kann das (die Möglichkeit von Umgehungsangriffen) eine offensive Nutzung begünstigen. Allerdings besteht ein vollwertiges Erkennungssystem aus der Zusammensetzung verschiedener Technologien, was den Erfolg eines solchen Angriffs sehr unwahrscheinlich macht. Ein Angreifer hat keinen unbegrenzten Zugriff auf die Modelle und Komponenten und kann auch nicht nachvollziehen, wodurch im System der Angriff entdeckt wurde.
E4A14	Die Zukunft wird zeigen, ob eine Generierung echter Schadsoftware möglich sein wird. Diese muss dann auch auf ihre Funktionalität überprüft werden.

E4A16	[...] Bei einem Erkennungssystem [handelt es sich] um einen Verbund mehrerer Komponenten, deren Architektur für Außenstehende nicht ersichtlich ist. Wir stellen unsere Technologien nur bestimmten vertrauenswürdigen Partnern zur Verfügung.
E4A17	Solange mit GANs keine funktionsfähige Schadsoftware erzeugt werden kann, wird eine offensive Nutzung meiner Meinung nach kaum sinnvoll sein.
E5A3	Offensive Anwendungen von GANs zielen in der Praxis darauf ab, bereits vorhandene Schadsoftware zu verändern, um die Erkennung durch eine bestimmte Gruppe von Cybersicherheitsprodukten zu vermeiden. Aus wirtschaftlicher Sicht müssen Werkzeuge hierfür möglichst ressourcensparend sein und gleichzeitig garantieren, dass die erstellten Schadprogramme stabil und funktional korrekt sind und eine Erkennung anhand ihres Verhaltens sowie statischer Merkmale vermeiden. Die Komplexität des Generierungsprozesses wird dadurch extrem erhöht.
E5A11	Architekturen wie MalGAN und andere Ansätze, die in der Cybersicherheitsforschung vorgeschlagen werden, sind von der adversarialen Natur der GANs inspiriert, scheinen aber eine andere Aufgabe als die ursprünglichen GANs zu lösen: Die Erzeugung von adversarialen Beispielen außerhalb der Verteilung, anstatt die verfügbare Verteilung eines Trainingsdatensatzes und seiner Modi nachzuahmen. Außerdem basieren solche Modelle auf schwachen und sehr fragwürdigen Angriffsannahmen, die einen primitiven Generierungsprozess, unbegrenzten Zugang zu Cybersecurity-Produkten, die Fähigkeit zur Berechnung von Merkmalen und so weiter umfassen. Trotz der Tatsache, dass die Ideen sehr intelligent sind und das adversariale Training auf interessante Weise ausnutzen, ist ihr praktischer Wert für offensive Anwendungen sehr zweifelhaft. Auch andere Fragen bezüglich der Stabilität des Trainings, der Varietät und des Einflusses auf die Verteilung des Quelldatensatzes sind völlig unklar.

E5A13	Moderne Cybersicherheitsprodukte bestehen aus verschiedenen Erkennungsalgorithmen, auch solchen, in denen nicht ML-Algorithmen implementiert sind. In der Regel werden sowohl statische als auch dynamische Verhaltensanalysen verwendet, die für eine Erkennung von Schadsoftware verantwortlich sind. Die Erkennungsmechanismen werden mit verschiedenen Expertenheuristiken und Mechanismen zur Minimierung des Risikos von Fehlalarmen kombiniert. Eine unzureichende Genauigkeit der Annäherung an ein reales Cybersecurity-Produkt durch ein Ersatzdetektormodell führt zu einer geringen Effizienz des Generierungsprozesses durch einen Angreifer. Die Fähigkeit zu solchen Approximationen ist eine offene Frage für die MalGAN-Architektur und deren Derivate.
E5A14	Zum gegenwärtigen Zeitpunkt sieht es so aus, dass die Generierung korrekter Programmlösungen für nichttriviale algorithmische Aufgaben ein praktisch teurer Prozess ist. Er erfordert eine große Menge an teuren Rechenressourcen und elektrischer Energie. Die Aussichten für offensive Anwendungen sind deshalb aus wirtschaftlichen Gründen fragwürdig. Es ist nicht klar, wie es sich mit dem Moduskollaps, dem Verschwinden des Gradienten und anderen Problemen bei diesen Modellen verhält. Alle Arbeiten, die offensive Szenarien betrachten, nehmen Änderungen an den Merkmalsvektoren für ein bestimmtes Modell vor, um eine Entdeckung zu vermeiden oder sie hängen synthetische Daten an das Ende einer Datei an. Solche Transformationen sind sehr schwach und machen keinen Sinn, wenn es darum geht, die Erkennung von Verhaltensweisen und sogar die Erkennung durch statische Merkmale zu vermeiden.

E5A15	Synthetische Schadsoftware sollte garantiert funktionsfähig sein. Es kann zu teuer werden, wenn ein Angriff auf ein vielversprechendes Ziel aufgrund von Fehlern in einem von einem GAN generierten Schadprogramm fehlschlägt. Moderne Schadprogramme sind eine komplizierte Software und komplexer als beispielsweise Bilddateien, die als Punkte in einem kontinuierlichen Raum dargestellt werden können. Während es für Bilddateien meist unkritisch ist, kleine Änderungen vorzunehmen, können selbst kleinste Änderungen im Code von Schadsoftware kritische Auswirkungen auf die Funktionalität verursachen.

Tabelle A.18.: Kriminelle Nutzung von GANs - Gegenmaßnahmen
(eigene Darstellung)

Quelle	Aussage
E1A16	Und selbst wenn [GAN-basierte Schadsoftware existieren sollte], wüsste ich nicht, wie das die Verteidigung in irgendeiner sinnvollen Weise beeinflussen würde.
E2A16	[...] [Präventive Maßnahmen zur Verhinderung GAN-basierter Angriffe müssen weiter ausgebaut werden], allerdings werden anfällige Modelle meist nicht alleinstehend eingesetzt, wodurch die Angriffsfläche reduziert wird.
E3A16	Wenn sie (GANs) z.B. gutartiges Verhalten modellieren können, dann wüsste ich nicht, wie Modellverschleierung oder ähnliche Abwehrmaßnahmen helfen könnten.
E5A16	In der Realität hat ein Angreifer einen minimalistischen Blackbox-Zugang zu verschiedenen Erkennungstechnologien eines Cybersicherheitsprodukts. Der Zugang kann durch technische und kryptografische Mittel erschwert werden, was massive Angriffe unrentabel macht. Ein Erkennungssystem ist zudem aufgrund seiner vielschichtigen Architektur für Außenstehende nicht ergründbar.

Tabelle A.19.: Auswirkungen der Verwendung von GANs auf das Tätigkeitsprofil von Experten (eigene Darstellung)

Quelle	Aussage
E1A12	[...] Ich [bin] mir nicht sicher, ob es zusätzliche Arbeitsplatzanforderungen gibt, die direkt mit GANs in Verbindung gebracht werden können. Aus meiner Sicht sind die potenziellen zukünftigen Probleme so ziemlich die gleichen wie bei jeder Schadsoftware.
E2A10	Bei klassischen Anwendungsszenarien von GANs wie der Bildsynthese können menschliche Experten leicht einschätzen ob die entstandene Ausgabe realistisch ist oder nicht. Bei künstlich erzeugten Daten, die Schadsoftware imitieren sollen, ist es indes nur schwer einschätzbar, ob diese auch einem realistischen Szenario entsprechen.
E2A12	Sicherheitsexperten werden grundsätzlich verstehen müssen wie GANs funktionieren, um die entstehenden Ergebnisse einordnen zu können. Je nach Art der GAN-Ausgaben ist es einem Experten allerdings nicht immer möglich, die Ergebnisse beurteilen zu können.
E3A12	Ich denke, dass für die meisten Fachleute praktische Kenntnisse im Bereich des ML erforderlich sein werden, insbesondere in der IT-Sicherheit, wo große Datenmengen anfallen.
E4A10	[...] Es müsste jedes einzelne [erzeugte adversariale] Beispiel auf seine Funktion untersucht werden.
E4A12	Ich denke nicht, dass die Anforderungen für Fachpersonal neu definiert werden müssen. Experten zeichnen sich dadurch aus, dass sie den aktuellen Forschungsstand im Blick haben und sich entsprechendes Wissen aneignen.

E5A10	Der Trainingsprozess von GANs ist selbst für Bilder kompliziert und erfordert eine manuelle Kontrolle und Analyse. Es kann notwendig sein, während des Trainings eine visuelle Inspektion der erzeugten Bilder vorzunehmen, da es keine völlig ausreichende Metrik für die Qualität gibt. Bei Binärdateien oder Programmquellen ist es viel komplizierter, da sie nicht intuitiv validiert werden können. Wir stehen vor einer gegenteiligen Situation: Es gibt viele Trainingsdaten und Schwierigkeiten, Klassifikatoren zu trainieren, die den Sicherheitsanforderungen für die autonome Erkennung und Verhinderung von schadhaftem Verhalten entsprechen.
E5A12	Im Falle von Codegenerierungsaufgaben stellt sich eine [...] Analyse des latenten Raums im Vergleich zu Bildern als eine viel kompliziertere Aufgabe dar. In der Praxis müssen wir bereits in der Lage sein, [...] Merkmale mit hoher Genauigkeit zu erkennen. Die Sicherstellung der Validität und Qualität generierter Daten und die Entwicklung von Werkzeugen, die genau das sicherstellen sollen, ist deshalb eine zusätzliche Erschwernis für Sicherheitsexperten.

A.8. Kausalbeziehungen der Textsegmente

Tabelle A.20.: Kausalbeziehungen zur praktischen Anwendbarkeit von GANs - Begünstigungen (eigene Darstellung)

Quelle	Sachverhalt	Mögliche Ursachen	Mögliche Wirkungen
E4A3	Die Anwendbarkeit von GANs konnte in den letzten Jahren gesteigert werden.	Erhöhte Stabilität der Modelle während des Trainigs und ein besseres Verständnis darüber, wie Trainingsdaten vorbereitet werden müssen.	Verbesserte Ergebnisse und Anwendungsabläufe.

Tabelle A.21.: Kausalbeziehungen zur praktischen Anwendbarkeit von GANs - Einschränkungen (eigene Darstellung)

Quelle	Sachverhalt	Mögliche Ursachen	Mögliche Wirkungen
E1A10	Es ist sehr schwierig, mit einem GAN funktionierende Schadsoftware zu erzeugen.	Bisherige Ansätze sind unzulänglich, den Problemraum korrekt abzubilden.	Ohne funktionierende synthetische Schadprogramme bleibt der Nutzen von GANs beschränkt.
E2A3	Die praktische Anwendbarkeit von GANs scheint derzeit limitiert.	Viele Ansätze skalieren nicht auf reale Anwendungsfälle, sondern funktionieren nur auf beschränkten, teils künstlich erzeugten, Datensätzen.	Bisherige Ansätze sind unter realen Bedingungen untauglich.

E2A10	Bei künstlich erzeugten Daten, die Schadsoftware imitieren sollen, ist es nur schwer einschätzbar, ob diese einem realistischen Szenario entsprechen.	Erzeugte Schadsoftware kann nicht wie bspw. Bilder leicht ohne Hilfsmittel als realistisch eingeschätzt werden.	Es sind zusätzliche Hilfsmittel und Analyseschritte notwendig, um synthetische Schadsoftware zu verifizieren.
E2A18	Die Weiterentwicklung und Anwendbarkeit von GAN-basierten Ansätzen in der Domäne steht und fällt mit der Verfügbarkeit von Open-Source-Datensätzen.	GANs benötigen zum Erzeugen realistischer Daten eine große Trainingsdatenmenge.	Solange keine größeren Trainingsdatensätze verfügbar sind, bleiben GANs hinter ihrem Entwicklungs- und Anwendungspotenzial zurück.
E3A3	Systeme zur Schadsoftware-Erkennung sind komplex und beinhalten mehrere Komponenten, bei denen GANs nicht anwendbar sind.	Erkennungs-Systeme enthalten auch nicht ML-basierte Techniken.	Nicht auf alle Komponenten eines Erkennungs-Systems sind GANs anwendbar.
E4A3	Die meisten GAN-basierten Ansätze zur Schadsoftware-Erkennung sind nach wie vor experimentell.	Es herrscht ein Mangel an Testmöglichkeiten in realen Szenarien.	In experimentellen Umgebung liefern Forschungsansätze gute Ergebnisse, die jedoch nicht realitätstauglich sind.

E4A5	Eine Verbesserung der Leistung von GANs kann nicht pauschal angenommen werden.	Die Experimentier-umgebungen in den Forschungsversuche können die reale Verteilung mangels Trainingsdaten nicht ansatzweise nachah-men.	Adversariales Training mit GAN-generierten Dateien bewirkt in realen Szenarien eine Verfälschung der Klas-sifikatoren durch eine Verteilungsverschie-bung.
E4A7	Ein möglicher Grund, der eine schnellere Entwick-lung von GANs verhin-dert, ist die Komplexität.	Es ist oftmals nicht nachvollziehbar, welcher Parameter welchen Einfluss auf die Ausgaben hat.	Langsamere Entwick-lung GAN-basierter Ansätze. Erhöhter Ressourceneinsatz.
E4A9	Das adversariale Training ist im Schadsoftware-Bereich fragwürdig, da es den Klassifikator auch verfälschen kann.	Bisher ist es nicht möglich, funktionieren-de bzw. realitätsnahe Schadprogramme erzeugen zu können.	Unvorhersehbarer Ein-fluss auf die Verteilung der Trainingsdaten ei-nes Erkennungsmodells und die daraus resultie-rende verminderte Qua-lität der Erkennungs-leistung.
E5A3	Es ist problematisch, bei der Erzeugung von Daten die Stabilität des Trainingsprozesses sicher-zustellen. Gleichzeitig ist es schwierig, die erzeug-ten Daten zu validieren, um die Qualität der Aus-gaben gewährleisten zu können.	Es mangelt trotz der Forschungsfortschritte an geeigneten Verfah-ren und Werkzeugen, um die Stabilität beim Training und die Qualität der Ausga-ben sicherstellen zu können.	Hoher Ressourcenver-brauch (Zeit, Personal, Energie, Hardware).

E5A5	Die hohe Qualität eines Detektormodells für synthetischen Proben aus einer von GANs erzeugten realitätsfernen Verteilung ist für die Erkennung in der realen Welt nicht sinnvoll.	Mögliche Verteilungsverschiebung aufgrund des Trainings mit synthetischen Daten.	Aufwand hinsichtlich zusätzlicher Ressourcen und Zeit für ein Training eines Modells mit realitätsfernen synthetischen Daten unrentabel.
E5A10	Im Bereich der Cybersicherheit gibt es derzeit keine universellen und erfolgreichen Klassifizierer von binären ausführbaren Dateien oder Quellcode.	Es gibt viele Trainingsdaten und Schwierigkeiten, Klassifikatoren zu trainieren, die den Sicherheitsanforderungen für die autonome Erkennung und Verhinderung von schadhaftem Verhalten entsprechen.	Geringerer Automatisierungsgrad bei der Analyse und dem Labeln von Schadsoftware bzw. Trainingsdaten.
E5A10	Ein weiteres Problem bei der Freigabe von Erkennungsalgorithmen für die Produktion ist die unterschiedliche Verteilung von Trainingsdatensätzen im Labor und in der realen Welt.	Verzerrungen in den Datensätzen im Vergleich zur realen Verteilung durch Mechanismen wie Roboter, Crawler und dem Austausch von Sammlungen zwischen Anbietern.	Solche Verschiebungen können zu falsch-positiven Ergebnissen oder einer niedrigen Erkennungsrate führen, nachdem ein Detektor für die Produktion freigegeben wurde.

| E5A10 | Die vom GAN erzeugten Muster hängen vollständig von der Verteilung der Trainingsdaten ab - sie erzeugen mit einer höheren Wahrscheinlichkeit Beispiele entsprechend der Häufigkeit der Daten in einem Trainingsdatensatz. | Daten, die seltenen Mustern in der Verteilung des Trainingsdatensatzes ähneln, werden ebenfalls selten und wahrscheinlich mit geringerer Qualität erzeugt, da der Generator während des Trainings auf seltene Objekte weniger Feedback vom Diskriminator erhält. | Infolgedessen können die generierten Stichproben eine noch deutlichere Abweichung zwischen der Verteilung des Trainingsdatensatzes im Labor und der realen Welt bewirken. |

Tabelle A.22.: Kausalbeziehungen zur Leistung von GANs - Steigerung (eigene Darstellung)

Quelle	Sachverhalt	Mögliche Ursachen	Mögliche Wirkungen
E1A6	Langfristig werden GAN-generierte Schadprogramme dazu beitragen, Schadsoftware-Erkennungssysteme zu verbessern.	Fortschritte in der Entwicklung von GANs in Bereich Schadsoftware-Erkennung.	Steigerung der Erkennungsleistung von Detektoren und der Unterstützungsfähigkeit durch die Bereitstellung und Aufarbeitung von Daten.
E1A7	GANs werden in den nächsten Jahren eine der Schlüsseltechniken des ML sein, um die Schadsoftware-Erkennung zu verbessern.	Auf diesem Gebiet mit GANs wird viel geforscht, was den Stand der Technik unweigerlich vorantreiben wird.	Etablierung von GANs bei Verfahren zur Verbesserung von Schadsoftware-Erkennungssystemen.

E1A15	Es gibt allen Grund zu der Annahme, dass die Techniken verbessert und ein weiteres Instrument im Wettrüsten zwischen Schadsoftware-Entwicklern und Schadsoftware-Abwehr werden.	Großes Interesse an GANs und die daraus resultierende intensive Forschung.	GANs werden weiteres Werkzeug für offensive und defensive Szenarien in der IT-Sicherheit.
E3A5	Aus Forschungssicht konnte die Leistung von Schadsoftware-Detektoren durch adversariales Training verbessert werden.	Innerhalb begrenzter experimenteller Rahmenbedingungen ist adversariales Training mit aktuellen Ansätzen förderlich.	Verbesserung der Erkennungsleistung von Detektoren. Als Nächstes müssen Versuche unter realen Bedingungen durchgeführt werden.
E3A9	Durch die Modellierung von Schadsoftware-Verhalten, das in den heutigen Ansätzen zu kostspielig ist, können Schadsoftware-Detektoren leistungsfähiger gemacht werden.	Möglichkeit zur Modellierung von Schadsoftware-Verhalten.	Leistungssteigerung der Detektoren durch mehr Datenbeispiele, die Verhalten von Schadsoftware abbilden.
E4A5	Die Erkennungsleistung gegenüber Schadsoftware kann je nach Modell durch adversariales Training im geringen Maße gesteiert werden kann.	Erweiterung der Trainingsdatenmenge durch GANs.	Leistungssteigerung durch adversariales Training ist (begrenzt und wahrscheinlich nur im experimentellen Umfeld) möglich.

E4A7	GANs sind Gegenstand aktueller Forschungen und es ist zu erwarten, dass deren Effizienz kontinuierlich zunehmen wird.	Forschungsinteresse und -erfolge bzgl. GANs.	Einsparung von Ressourcen und Erhöhung der Ausgabequalität.
E5A9	Trotz der Komplexität erscheint die Generierung realistischer gutartiger Proben zur Minimierung von Fehlalarmen in einigen Fällen sehr aussichtsreich.	Aussichtsreiche Forschung bzgl. der Generierung von gutartigen Beispielen.	Verbesserung der Klassifizierungsleistung von Detektoren durch GANs.

Tabelle A.23.: Kausalbeziehungen zur Leistung von GANs - Einschränkungen
(eigene Darstellung)

Quelle	Sachverhalt	Mögliche Ursachen	Mögliche Wirkungen
E1A5	In unserer Forschung haben wir keine dramatische Verbesserung durch das adversariale Training mit GANs beobachtet.	Erweiterung der Datensätze auf Grundlage von Daten, die bereits für ein Training verwendet wurden, bringt keinen förderlichen Effekt.	Steigerung der Erkennungsleistung von Detektoren mittels aversarialem Training ist begrenzt.
E1A7	Forscher waren noch nicht in der Lage, die Möglichkeiten des Generators von GANs im Schadsoftware-Bereich voll auszuschöpfen.	Komplexität der Modelle und Mangel an Trainingsdaten.	Potenzial von GANs konnte bisher nicht vollständig erschlossen werden.

E1A10	Wir haben festgestellt, dass es mit anderen Lerntechniken normalerweise einfach ist, die von GANs erzeugten adversarialen Beispiele von echter Schadsoftware zu unterscheiden.	Die Leistung von GANs beim Generieren von realistischen Daten ist bisher beschränkt.	Adversariale Beispiele sind für Trainingsprozesse noch nicht einsatztauglich.
E1A14	Die Ähnlichkeit GAN-basierter Schadsoftware mit metamorpher Schadsoftware hängt davon ab, ob der generierende Aspekt eines GAN so weit optimiert wird, dass die synthetische Schadsoftware effektiver und auch schwerer zu erkennen ist. Selbst in Anbetracht der Forschungsliteratur bin ich nicht davon überzeugt, dass eine dieser beiden Hürden bisher wirksam überwunden wurde.	Bisher konnten GANs nicht derart optimiert werden, um realistische Schadsoftware zu erzeugen.	Die Leistung zum Generieren von realistischer Schadsoftware ist eingeschränkt.

E2A7	Unsere Wahrnehmung ist, dass sich ein Trend zur zukünftigen Steigerung der Leistung von Schadsoftware-Detektoren durch GANs aktuell nicht abzeichnet.	Das Modelltraining mit Daten, die einem originalen Datensatz ähneln, mit dem bereits ein Training erfolgt ist, bringen keine Verbesserung sondern eher eine Verschlechterung durch eine Verteilungsverschiebung.	Nach aktuellem Stand wird keine Leistungssteigerung der Detektoren durch GANs erwartet.
E3A10	Die meisten Ansätze arbeiten nur im Merkmalsraum und erzeugen keine modifizierten Binärdateien.	Erzeugung von Binärdateien in Forschungen bisher zu wenig betrachtet.	Solange die Erzeugung von schadhaften Binärdateien nicht intensiver beforscht wird, bleiben GANs hinter ihrem Entwicklungs- und Anwendungspotenzial zurück.
E4A5	Unsere Experimente haben in einigen Fällen ergeben, dass die Erkennungsrate beim Testen mit echter Schadsoftware nach einem adversarialen Training ungenauer wurde.	GANs sind nicht oder nur begrenzt in der Lage, realitätsnahe Schadsoftware zu generieren.	Adversariales Training mit aktuellen Mitteln kontraproduktiv.

E5A5	Ich bin mir nicht sicher, ob das adversariale Training ein guter Ansatz zur Verbesserung der Trainingsergebnisse ist.	Ein Modell wird nicht verbessert, wenn das GAN Proben reproduziert, die dem Trainingsdatensatz sehr ähnlich sind. Es handelt sich lediglich um eine weitere Trainingsepoche auf demselben Datensatz.	Möglicherweise sind Ideen des kooperativen Trainings auf synthetischen Mustern wie Generative Teaching Networks (GTN) und ähnliche Ansätze vielversprechender, da sie eine hohe Qualität des gelernten Modells auf einfachere Weise erreichen.
E5A10	Bei defensiven Anwendungen zur Datenerweiterung leiden GANs unter einem geringen Maß an Kontrolle und einem riskanten, unvorhersehbaren Einfluss auf die Verteilung der Trainingsdaten eines Erkennungsmodells.	Komplexität und aufwändige Validierung und Interpretation der Daten und Trainingsabläufe.	Verminderte Qualität des Klassifikators Falle eines fehlerhaften GAN-Trainings.

Tabelle A.24.: Kausalbeziehungen zur Leistung von GANs - Vergleich mit anderen Ansätzen (eigene Darstellung)

Quelle	Sachverhalt	Mögliche Ursachen	Mögliche Wirkungen
E1A3	GAN-basierte Detektoren sind gegenüber anderen hochmodernen ML-basierten Erkennungs- und Klassifizierungstechniken konkurrenzfähig.	Ähnliches Leistungsniveau von GAN-basierten Schadsoftware-Detektoren gegenüber etablierten Verfahren.	GAN-basierte Detektoren taugen eventuell als zusätzliche Komponente Innerhalb eines Schadsoftware-Erkennungssystems.

Tabelle A.25.: Kausalbeziehungen zu den verschiedenen Anwendungsmöglichkeiten von GANs (eigene Darstellung)

Quelle	Sachverhalt	Mögliche Ursachen	Mögliche Wirkungen
E2A6	Die Erzeugung neuer Datensätze basierend auf existierenden Daten ist eine weitere Nutzungsmöglichkeit von GAN.	Vorliegenden Daten sind auf Grund von Datenschutz nicht direkt nutzbar oder liegen nicht im benötigten Umfang vor.	Möglichkeit der Datenerweiterung mittels GANs.
E3A6	GANs können verwendet werden, um verschiedene Verhaltensweisen zu modellieren, darunter gutartiges Verhalten (im Netzwerk) oder sogar gutartige Binärdateien.	Forschungen mit GANs im Bereich Netzwerkdaten.	Möglichkeit der Verhaltensanpassung und damit Verschleierung von Schadsoftware.
E3A7	Es ist sicherlich ein Vorteil, dynamisches Schadsoftware-Verhalten zu modellieren, da es kostspieliger ist, Millionen von Binärdateien in Sandbox-Umgebungen auszuführen.	Möglichkeit der Erzeugung von Verhaltensmerkmalen und entsprechende Anpassung von Daten mittels GANs.	Möglichkeit der Modellierung von dynamischem Schadsoftware-Verhalten und damit Einsparung von Ressourcen.
E4A4	Wir verwenden GANs für Tests, um die möglichen Reaktionen der Detektoren auf metamorphe Schadsoftware zu untersuchen.	Forschung und Fortschritte zur Modellierung der Merkmale von metamorphen Schadprogrammen.	Mögliche Anwendung von GAN-generierter Schadsoftware für Tests gegenüber Detektoren.

E4A5	Ein Training unserer Detektoren mit generierten Beispielen findet derzeit nicht statt.	Die Qualität synthetischer adversariale Beispiele ist noch zu weit von realer Schadsoftware entfernt.	Adversariales Training mit synthetischer Schadsoftare ist aktuell nicht zielführend.
E4A6	Mir sind andere Ansätze aus der Forschung bekannt, bei denen verschleierte Schadsoftware mit GANs rekonstruiert werden kann, aber das ist eher experimentell.	Es existieren weitere Anwendungsmöglichkeiten in der Forschung.	Bisher scheint neben den bisher dargestellten Anwendungsmöglichkeiten ein Einfluss weiterer Verfahren von GANs im Bereich der Schadsoftware-Erkennung nicht gegeben zu sein.
E5A6	Datensatzoptimierungen, Subsampling, Destillation, Überprüfung von Labels, Verwendung von nicht gelabelten Daten usw. sind Ansätze, um die Verteilungsabweichung zwischen der Trainingsverteilung und der realen Verteilung zu verringern.	Im Zusammenhang mit GAN ist es weniger kritisch, Objektbeschreibungen oder Merkmalsvektoren zu generieren, als vollwertige Programme auszuführen.	GANs könnten als Werkzeug zur Optimierung von Prozessen bei der Datenaufbereitung eingesetzt werden.

Tabelle A.26.: Kausalbeziehungen zur Anwendung und Berücksichtigung von GANs bei Entwicklungen - aktuell (eigene Darstellung)

Quelle	Sachverhalt	Mögliche Ursachen	Mögliche Wirkungen
E1A4	GANs sind ein heißes Forschungsthema, weshalb ich vermute, dass die Leute in der Industrie GANs große Aufmerksamkeit schenken.	Großes Forschunginteresse an GANs.	Berücksichtigung von GANs bei der Entwicklung von Schadsoftware-Erkennungssystemen wird seitens der Forschung vermutet.
E1A17	GANs sind immer noch ein eher potenzielles Problem in Bezug auf Schadsoftware, sowohl aus offensiver als auch aus defensiver Sicht.	Trotz der Fortschritte in der Entwicklung von GANs existieren weiterhin Probleme.	Die Anwendung von GANs bleibt aktuell hinter ihren Potenzialen zurück und wird deshalb bei Entwicklungen weniger betrachtet.
E2A4	Kommerzielle Anwendungen von GANs zur Verbesserung von Schadsoftware-Detektoren sind uns bislang nicht bekannt.	Kommerzielle Anwendungen existieren wahrscheinlich nicht.	Bisher keine Produkte bekannt oder kommuniziert, die GANs zur Verbesserung von Schadsoftware-Detektoren verwenden.
E4A10	Dass bisher mit GANs keine funktionsfähige Schadsoftware erzeugt werden konnte, ist auch der Grund, warum wir aktuell adversariales Training mit generierten Daten ausschließen.	Klassifizierer von Detektoren können durch adversariales Training mit der aktuellen Qualität von synthetischer Schadsoftware verfälscht werden.	Adversariales Training mit synthetischer Schadsoftware wird aktuell noch nicht eingesetzt, da untauglich.

| E5A4 | Wir haben auch Erfahrung mit der Generierung und dem Einsatz adversarialer Beispiele beim Training von Detektoren zur Minimierung von Fehlalarmen, um ein besseres Verständnis unserer Modelle zu erreichen. | Erzeugung von Daten mittels GANs, die speziell auf Testzwecke abzielen. | Experimente mit synthetischen Daten tragen dazu bei, andere Modelle besser zu verstehen. |

Tabelle A.27.: Kausalbeziehungen zur Anwendung und Berücksichtigung von GANs bei Entwicklungen - zukünftig (eigene Darstellung)

Quelle	Sachverhalt	Mögliche Ursachen	Mögliche Wirkungen
E1A6	Langfristig werden GAN-generierte Schadprogramme dazu beitragen, Schadsoftware-Erkennungssysteme zu verbessern.	Erwartete Fortschritte in der Entwicklung von GANs.	Langfristige Verbeserung von Schadsoftware-Erkennungssysteme durch GAN-generierte Schadprogramme.
E1A7	Ich gehe davon aus, dass GANs in den nächsten Jahren eine der Schlüsseltechniken des ML sein werden, um die Schadsoftware-Erkennung zu verbessern.	Erwartete Fortschritte in der Entwicklung von GANs.	Mögliche Etablierung von GANs im Bereich der Schadsoftware-Erkennung.
E1A8	Ich erwarte, dass GANs sowohl in der Forschung als auch in realen Anwendungen an Bedeutung gewinnen werden.	Forschungsinteresse und vergangene Forschungsfortschritte bzgl. GANs.	Vermehrte Berücksichtigung von GANs.

E1A14	Ich denke, dass die Zukunft von GAN-generierter Schadsoftware wahrscheinlich ähnlich sein wird wie die frühere und aktuelle Verwendung von metamorphen Schadsoftware-Generatoren.	Ähnliche Verfahren zur Veränderung von Schadsoftware haben sich in der Vergangenheit ebenfalls etablieren können.	GANs könnten sich als weiteres Hilfsmittel zur Verschleierung von Schadsoftware etablieren.
E2A8	Es ist davon auszugehen, dass sich GANs in bestimmten Anwendungsszenarien durchaus etablieren werden. Es lassen sich aktuell jedoch keine Anzeichen erkennen, dass vorhandene Lösungsansätze in der Schadsoftware-Erkennung durch GANs ersetzt werden.	Forschung und Ableitung potenzieller Anwendungsmöglichkeiten bzgl. GANs.	GANs werden Lösungsansätze in der Schadsoftware-Erkennung in Zukunft eher ergänzen.
E4A7	Durch die Effizienzsteigerung von GANs kann auch die Entwicklung von Sicherheitssystemen profitieren, indem realistischere Testdaten erzeugt werden können.	Erwartete Fortschritte in der Forschung bzgl. GANs.	Zukünftig erwartete Effizienzsteigerung von Sicherheitssystemen durch GANs.

E4A8	GANs sind eher als Hilfsmittel zu begreifen.	Es zeichnet sich nicht ab, dass GANs eigenständige Schadsoftware-Erkennungssysteme implementieren werden.	GANs werden voraussichtlich ein zusätzliches Werkzeug bei der Entwicklung von Schadsoftware-Erkennungssystemen darstellen.
E5A18	Um die Schwierigkeiten und Grenzen bei der Codegenerierung aufzuzeigen, sollten wir erfolgreiche Forschungen wie GitHub Copilot, OpenAI Codex und vor allem Deepminds AlphaCode betrachten, die die fortschrittlichsten Ergebnisse bei der algorithmischen Problemlösung zeigen.	Es existieren andere Ansätze, die sich mit der Erzeugung von funktionierendem Code befassen.	Existierende erfolgreiche Ansätze zur Codegenerierung könnten die Forschung zur Erzeugung von (Schad-)Programmen mit GANs bereichern.

Tabelle A.28.: Kausalbeziehungen zur kriminellen Nutzung von GANs - aktuell (eigene Darstellung)

Quelle	Sachverhalt	Mögliche Ursachen	Mögliche Wirkungen
E1A11	Mir ist nicht bekannt, dass derzeit in der realen Welt GAN-generierte Schadsoftware im Umlauf ist.	GAN-generierte Schadsoftware lässt sich entweder als solche nicht identifizieren oder existiert nicht.	Ein zusätzliches Bedrohungsszenario durch GANs ist vorerst unwahrscheinlich.

E3A14	Im Moment haben Kriminelle effizientere Möglichkeiten, Erkennungssysteme zu umgehen und GANs können meines Wissens nach noch keine funktionierenden Schadsoftware-Binärdateien erstellen.	GANs bieten bisher keine effizienten offensiven Anwendungsmöglichkeiten im Vergleich zu etablierten offensiven Verfahren.	Vorerst sind Umgehungsangriffe mithilfe von GANs eine weniger erfolgsversprechende Anwendung.
E3A17	Ich denke, dass die Nutzungspotenziale einer defensiven Nutzung von GANs einer offensiven überwiegen, zumindest was die Schadsoftware-Erkennung angeht.	Die Verwendung von generierten Test- und Trainingsdaten bieten mehr Anwendungsmöglichkeiten als generierte Schadsoftware, die zudem noch funktionsfähig sein muss.	Aktuell profitieren eher defensive Anwendungen von GANs.
E5A13	Eine unzureichende Genauigkeit der Annäherung an ein reales Cybersecurity-Produkt durch ein Ersatzdetektormodell führt zu einer geringen Effizienz des Generierungsprozesses durch einen Angreifer. Die Fähigkeit zu solchen Approximationen ist eine offene Frage für die MalGAN-Architektur und deren Derivate.	Angreifer sind aufgrund der begrenzten Interaktionsmöglichkeiten mit einem Schadsoftware-Erkennungssystem nicht in der Lage, eine hinreichend umfangreiche Extraktion eines Modells durchzuführen.	Bevor dieses Problem nebst der Fähigkeit zum Erzeugen funktionsfähiger Programme nicht gelöst ist, sind auch Umgehungsangriffe keinen Motivationsfaktor für eine offensive Nutzung von GANs.

Tabelle A.29.: Kausalbeziehungen zur kriminellen Nutzung von GANs - zukünftig
(eigene Darstellung)

Quelle	Sachverhalt	Mögliche Ursachen	Mögliche Wirkungen
E1A13	Umgehungsangriffe sind meiner Meinung nach eher eine zukünftige Bedrohung, aber ja, als mögliche zukünftige Bedrohung halte ich solche fortschrittlichen Angriffe für besorgniserregend.	Die Übertragung von Umgehungsangriffen ist komplex und benötigt zum Erstellen von adversarialen Beispielen ein Ersatzmodell. Zudem muss die Schadsoftware funktionsfähig sein.	Die zukünftige Entwicklung von GANs könnte eine Übertragung von Umgehungsangriffen möglich machen.
E1A15	Da das Interesse an GANs so groß ist, gibt es allen Grund zu der Annahme, dass die Techniken verbessert und ein weiteres Instrument im Wettrüsten zwischen Schadsoftware-Entwicklern und Schadsoftware-Abwehr werden.	Forschungsinteresse und die damit voranschreitende Entwicklung von GANs.	Zukünftig wird die Nutzung von GANs zusätzliche Angriffs- und Verteidigungsvektoren im Bereich der Schadsoftware-Erkennung bereitstellen.
E1A17	Ich denke, die Frage nach dem Überwiegen von defensiven gegenüber offensiven Nutzungsmöglichkeiten von GANs ist noch nicht entschieden.	Aus den bisherigen Enwtwicklungen und Forschungen bzgl. GANs lassen sich keine eindeutigen Aussagen zu einem Überwiegen der defensiven oder offensiven Nutzungsmöglichkeiten ableiten.	Weitere Entwicklungen bzgl. GANs werden zeigen, ob defensive Nutzungspotenziale gegenüber offensiven überwiegen.

E3A14	Im Bereich der Netzwerksicherheit könnte Schadsoftware mit GANs verwendet werden, um eine Erkennung durch ein Intrusion Detection System zu umgehen.	Forschungen zur Anpassungen von Kommunikationsverhalten von Schadsoftware mittels GANs.	Die Erkennung der Kommunikation von Schadsoftware könnte durch deren Anpassung mithilfe von GANs zukünftig unzuverlässiger werden.
E4A15	Es ist möglich, dass die Quantität und Qualität von Schadsoftware durch GANs steigt, allerdings wird die Entwicklung noch weiter voranschreiten müssen.	Dies ist vorranig davon abhängig, ob es gelingen wird, funktionierende und effizient verschleierte Schadsoftware generieren zu können.	Es ist ungewiss, ob die Entwicklung der Forschung bzgl. GANs zu einer gesteigerten Quantität ud Qualität von Schadsoftware führen wird.
E5A15	Aktuell kann ich eine solche Entwicklung zum zukünftigen Anstieg der sich im Umlauf befindenden Schadprogramme hinsichtlich ihrer Qualität und Quantität, der im Zusammenhang mit der Verwendung von GAN's steht, nicht erkennen.	Es sollten bei der Erzeugung von adversarialen Beispielen gültige Programme oder kompilierte Binärdateien entstehen und nicht nur ein Feature-Vektor.	Für einen Bedrohungsakteur wäre es hilfreich, ein ausführbares Paket mit einer ausführlichen Beschreibung der Hauptfunktionen und dem gewünschten Grad der Verschleierung oder Tarnung als gutartige Software zu erstellen. Es sieht so aus, als ob diese Anforderungen im Moment nicht realisierbar sind. Dennoch ist dies eine Richtung aktiver Forschung.

A. Anhang

Tabelle A.30.: Kausalbeziehungen zur kriminellen Nutzung von GANs - Begünstigungen (eigene Darstellung)

Quelle	Sachverhalt	Mögliche Ursachen	Mögliche Wirkungen
E1A13	Umgehungsangriffe sind meiner Meinung nach eher eine zukünftige Bedrohung, aber ja, als mögliche zukünftige Bedrohung halte ich solche fortschrittlichen Angriffe für besorgniserregend.	Die Übertragung von Umgehungsangriffen ist komplex und benötigt zum Erstellen von adversarialen Beispielen ein Ersatzmodell. Zudem muss die Schadsoftware funktionsfähig sein.	Die zukünftige Entwicklung von GANs könnte eine Übertragung von Umgehungsangriffen möglich machen.
E1A15	Es gibt allen Grund zu der Annahme, dass die Techniken verbessert und ein weiteres Instrument im Wettrüsten zwischen Schadsoftware-Entwicklern und Schadsoftware-Abwehr werden.	Großes Interesse an GANs und die daraus resultierende intensive Forschung.	GANs werden weiteres Werkzeug für offensive und defensive Szenarien in der IT-Sicherheit.
E1A16	Ich bin mir nicht sicher, inwiefern sich ein GAN-basierter Angriff von einem anderen Schadsoftware-Angriff unterscheiden würde, zumindest aus der Sicht eines Benutzers oder AV-Entwicklers.	Es ist wahrscheinlich nicht möglich zu ergründen, ob Schadsoftware GAN-generiert ist, wenn sie realitätsgetreu implementiert wurde.	Ein Verteidigungsvektor, der speziell zur Erkennung GAN-generierter Schadsoftware ausgelegt ist, kann nicht existieren.

Tabelle A.31.: Kausalbeziehungen zur kriminellen Nutzung von GANs - Einschränkungen (eigene Darstellung)

Quelle	Sachverhalt	Mögliche Ursachen	Mögliche Wirkungen
E2A16	Präventive Maßnahmen zur Verhinderung GAN-basierter Angriffe müssen weiter ausgebaut werden, allerdings werden anfällige Modelle meist nicht alleinstehend eingesetzt, wodurch die Angriffsfläche reduziert wird.	Schadsoftware-Erkennungssysteme bestehen aus mehreren Komponenten, die mit unterschiedlichen Technologien arbeiten.	Die Komplexität und Implementierung verschiedener Erkennungstechniken in einem Sicherheitssystem reduzieren den Erfolg eines Angriffs.
E3A14	Im Moment haben Kriminelle effizientere Möglichkeiten, Erkennungssysteme zu umgehen und GANs können meines Wissens nach noch keine funktionierenden Schadsoftware-Binärdateien erstellen.	GANs bieten bisher keine effizienten offensiven Anwendungsmöglichkeiten im Vergleich zu etablierten offensiven Verfahren.	Vorerst sind Umgehungsangriffe mithilfe von GANs eine weniger erfolgsversprechende Anwendung.
E4A13	Ein Angreifer hat keinen unbegrenzten Zugriff auf die Modelle und Komponenten und kann auch nicht nachvollziehen, wodurch im System der Angriff entdeckt wurde.	Begrenzte Interaktionsmöglichkeiten mit einem Schadsoftware-Erkennungssystem durch einen Angreifer.	Die Gewinnung von Kenntnissen zu Modellarchitekturen sind stark eingeschränkt, was die Implementierung eines geeigneten Ersatzdetektors verhindert.

E5A3	Aus wirtschaftlicher Sicht müssen Werkzeuge zur Verschleierung von Schadsoftware möglichst ressourcensparend sein und gleichzeitig garantieren, dass die erstellten Resultate stabil und funktional korrekt sind.	Offensive Anwendungen von GANs zielen in der Praxis darauf ab, bereits vorhandene Schadsoftware zu verändern, um die Erkennung durch eine bestimmte Gruppe von Cybersicherheitsprodukten zu vermeiden.	Die Komplexität des Generierungsprozesses wird durch die Erzielung von Qualitätsgarantien extrem erhöht.
E5A11	Architekturen wie MalGAN und andere Ansätze scheinen eine andere Aufgabe als die ursprünglichen GANs zu lösen: Die Erzeugung von adversarialen Beispielen außerhalb der Verteilung, anstatt die verfügbare Verteilung eines Trainingsdatensatzes und seiner Modi nachzuahmen.	Forschungen bzgl. MalGAN und ähnlicher Architekturen verfolgen den Ansatz, unter Verwendung eines Rauschvektors Daten zu generieren, die nicht aus der ursprünglichen Verteilung stammen.	Bei der Weiterentwicklung der Forschung sollten auch Ansätze betrachtet werden, die ein Training mit Daten innerhalb einer gegebenen Verteilung berücksichtigen.

E5A11	Trotz der Tatsache, dass die Ideen der offensiven Ansätze sehr intelligent sind und das adversariale Training auf interessante Weise ausnutzen, ist ihr praktischer Wert hierfür sehr zweifelhaft. Auch andere Fragen bezüglich der Stabilität des Trainings, der Varietät und des Einflusses auf die Verteilung des Quelldatensatzes sind völlig unklar.	Bisher wurden Trainings- und Erzeugungsparameter speziel für den Bereich der Erzeugung von Schadsoftware mit GANs zu wenig erforscht.	Zur Verbesserung des Trainings und der Ausgaben muss der Einfluss von Trainings- und Erzeugungsparametern weiter untersucht werden.
E5A13	Eine unzureichende Genauigkeit der Annäherung an ein reales Cybersecurity-Produkt durch ein Ersatzdetektormodell führt zu einer geringen Effizienz des Generierungsprozesses durch einen Angreifer. Die Fähigkeit zu solchen Approximationen ist eine offene Frage für die MalGAN-Architektur und deren Derivate.	Angreifer sind aufgrund der begrenzten Interaktionsmöglichkeiten mit einem Schadsoftware-Erkennungssystem nicht in der Lage, eine hinreichend umfangreiche Extraktion eines Modells durchzuführen.	Bevor dieses Problem nebst der Fähigkeit zum Erzeugen funktionsfähiger Programme nicht gelöst ist, sind auch Umgehungsangriffe keinen Motivationsfaktor für eine offensive Nutzung von GANs.

E5A14	Zum gegenwärtigen Zeitpunkt sieht es so aus, dass die Generierung korrekter Programmlösungen für nichttriviale algorithmische Aufgaben ein teurer Prozess ist.	Die Erzeugung möglichst funktionierender Programme erfordert eine große Menge an teuren Rechenressourcen und elektrischer Energie.	Aus wirtschaftlichen Gründen sind offensive Anwendungsmöglichkeiten von GANs fragwürdig.
E5A14	Es ist nicht klar, wie es sich mit dem Moduskollaps, dem Verschwinden des Gradienten und anderen Problemen bei offensiven Modellen verhält.	Bisher wurden Trainings- und Erzeugungsparameter speziel für den Bereich der Erzeugung von Schadsoftware mit GANs zu wenig erforscht.	Zur Verbesserung des Trainings und der Ausgaben müssen der Moduskollaps und das Problem des verschwindenden Gradienten weiter untersucht werden.
E5A14	Alle Arbeiten, die offensive Szenarien betrachten, nehmen Änderungen an den Merkmalsvektoren für ein bestimmtes Modell vor, um eine Entdeckung zu vermeiden oder sie hängen synthetische Daten an das Ende einer Datei an. Solche Transformationen sind sehr schwach und machen keinen Sinn, wenn es darum geht, die Erkennung von Verhaltensweisen und sogar die Erkennung durch statische Merkmale zu vermeiden.	In den Forschungen wird sich an einfachen Verschleierungstechniken orientiert, deren Implementierung weniger komplex ist.	Zukünftig sollten auch komplexere Verschleierungsverfahren betrachtet werden.

E5A15	Synthetische Schadsoftware sollte garantiert funktionsfähig sein. Während es für Bilddateien meist unkritisch ist, kleine Änderungen vorzunehmen, können selbst kleinste Änderungen im Code von Schadsoftware kritische Auswirkungen auf die Funktionalität verursachen.	Bilddatein besitzen einen anderen Aufbau und Anwendungskontext als Schadsoftware.	Der Prozess zur Erzeugung von synthetischer Schadsoftware und deren Validierung ist ungleich aufwendiger als selbiges bzgl. Bilddateien.

Tabelle A.32.: Kausalbeziehungen zur kriminellen Nutzung von GANs - Gegenmaßnahmen (eigene Darstellung)

Quelle	Sachverhalt	Mögliche Ursachen	Mögliche Wirkungen
E1A16	Selbst wenn GAN-basierte Schadsoftware existieren sollte, wüsste ich nicht, wie das die Verteidigung in irgendeiner sinnvollen Weise beeinflussen würde.	Es ist wahrscheinlich nicht möglich zu ergründen, ob Schadsoftware GAN-generiert ist, wenn sie realitätsgetreu implementiert wurde.	Ein Verteidigungsvektor, der speziell zur Erkennung GAN-generierter Schadsoftware ausgelegt ist, kann nicht existieren.

E2A16	Präventive Maßnahmen zur Verhinderung GAN-basierter Angriffe müssen weiter ausgebaut werden, allerdings werden anfällige Modelle meist nicht alleinstehend eingesetzt, wodurch die Angriffsfläche reduziert wird.	Schadsoftware-Erkennungssysteme bestehen aus mehreren Komponenten, die mit unterschiedlichen Technologien arbeiten.	Die Komplexität und Implementierung verschiedener Erkennungstechniken in einem Sicherheitssystem reduzieren den Erfolg eines Angriffs.
E5A16	In der Realität hat ein Angreifer einen minimalistischen Blackbox-Zugang zu verschiedenen Erkennungstechnologien eines Cybersicherheitsprodukts. Der Zugang kann durch technische und kryptografische Mittel erschwert werden, was massive Angriffe unrentabel macht.	Ein Erkennungssystem ist aufgrund seiner vielschichtigen Architektur für Außenstehende nicht ergründbar.	Die Komplexität und geringen Chancen der Informationsgewinnung bzgl. Schadsoftware-Erkennungssystemen stellen eine effektive Gegenmaßnahme für Angriffe dar.

Tabelle A.33.: Kausalbeziehungen zu den Auswirkungen der Verwendung von
GAN's auf das Tätigkeitsprofil von Experten (eigene Darstellung)

Quelle	Sachverhalt	Mögliche Ursachen	Mögliche Wirkungen
E1A12	Ich bin mir nicht sicher, ob es zusätzliche Arbeitsplatzanforderungen gibt, die direkt mit GANs in Verbindung gebracht werden können. Aus meiner Sicht sind die potenziellen zukünftigen Probleme so ziemlich die gleichen wie bei jeder Schadsoftware.	Bezogen auf Schadsoftware wird der Einsatz von GANs mit keinen zusätzlichen Problemen in Verbindung gebracht.	Keine erwarteten Auswirkungen auf das Tätigkeitsprofil von Experten.
E2A10	Bei klassischen Anwendungsszenarien von GANs wie der Bildsynthese können menschliche Experten leicht einschätzen ob die entstandene Ausgabe realistisch ist oder nicht. Bei künstlich erzeugten Daten, die Schadsoftware imitieren sollen, ist es nur schwer einschätzbar, ob diese auch einem realistischen Szenario entsprechen.	Erzeugte Schadsoftware kann nicht wie bspw. Bilder leicht ohne Hilfsmittel als realistisch eingeschätzt werden.	Es sind zusätzliche Hilfsmittel und Analyseschritte notwendig, um synthetische Schadsoftware zu verifizieren.

E3A12	Ich denke, dass für die meisten Fachleute praktische Kenntnisse im Bereich des ML erforderlich sein werden, insbesondere in der IT-Sicherheit, wo große Datenmengen anfallen.	ML ist aufgrund der Datenmengen und deren autonomer Einordnung eine wichtige Technologie im bereich der IT-Sicherheit.	Expertise im Bereich ML ist neben umfangreichen Kenntnissen in der IT-Sicherheit für Fachpersonal zwingend erforderlich.
E5A12	In der Praxis müssen wir bereits in der Lage sein, Merkmale mit hoher Genauigkeit zu erkennen. Die Sicherstellung der Validität und Qualität generierter Daten und die Entwicklung von Werkzeugen, die genau das sicherstellen sollen, ist deshalb eine zusätzliche Erschwernis für Sicherheitsexperten.	Im Bereich der IT-Sicherheit gibt es derzeit keine universellen und erfolgreichen Klassifizierer von binären ausführbaren Dateien oder Quellcode.	Die Entwicklung entsprechender Klassifizierer würde Experten bei der Analyse von Code und generierten Daten entlasten.

B. Tabellenverzeichnis

C. Abbildungsverzeichnis

D. Abkürzungsverzeichnis

GAN Generatives Adversariales Netzwerk

KNN künstliches neuronales Netz

ML Maschinelles Lernen

ATM Adversarial-Training-Modul

LSM Least-Square-Modul

API Application Programming Interface

PE Portable Executable

PDF Portable Document Format

E. Literaturverzeichnis

Alosefer, Yaser (Jan. 2012). *Analysing web-based malware behaviour through client honeypots*. URL: https://orca.cardiff.ac.uk/id/eprint/29469/2/2012AloseferYPhD.pdf.

Alotaibi, Fahad Mazaed und Fawad Fawad (2022). „A Multifaceted Deep Generative Adversarial Networks Model for Mobile Malware Detection". In: *Applied Sciences*.

Anderson, H. (2017). *Evading Machine Learning Malware Detection*. URL: https://www.blackhat.com/docs/us-17/thursday/us-17-Anderson-Bot-Vs-Bot-Evading-Machine-Learning-Malware-Detection-wp.pdf.

Aryal, Kshitiz, Maanak Gupta und Mahmoud Abdelsalam (2021). „A Survey on Adversarial Attacks for Malware Analysis". In: *CoRR* abs/2111.08223. arXiv: 2111.08223. URL: https://arxiv.org/abs/2111.08223.

Aslan, Ömer und Refik Samet (2017). „Investigation of Possibilities to Detect Malware Using Existing Tools". In: *2017 IEEE/ACS 14th International Conference on Computer Systems and Applications (AICCSA)*, S. 1277–1284.

– (2020). „A Comprehensive Review on Malware Detection Approaches". In: *IEEE Access* 8, S. 6249–6271. DOI: 10.1109/ACCESS.2019.2963724.

Balakrishnan, Arini und Chloe Schulze (2005). „Code Obfuscation Literature Survey". In: URL: https://pages.cs.wisc.edu/~arinib/writeup.pdf.

Bogner, Alexander, Beate Littig und Wolfgang Menz (2014). *Interviews mit Experten. Eine praxisorientierte Einführung*. Springer VS Wiesbaden.

BSI (Juli 2018). „Register aktueller Cyber-Gefährdungen und -Angriffsformen v2.0“. In: *International Journal of Education and Management Engineering*. URL: `https://www.allianz-fuer-cybersicherheit.de/SharedDocs/Downloads/Webs/ACS/DE/BSI-CS/BSI-CS_026.html`.

Burks, Roland u. a. (2019). „Data Augmentation with Generative Models for Improved Malware Detection: A Comparative Study*“. In: *2019 IEEE 10th Annual Ubiquitous Computing, Electronics & Mobile Communication Conference (UEMCON)*, S. 0660–0665.

Cai, Zhipeng u. a. (2021). *Generative Adversarial Networks: A Survey Towards Private and Secure Applications*. DOI: `10.48550/ARXIV.2106.03785`. URL: `https://arxiv.org/abs/2106.03785`.

Castro, Raphael Labaca, Corinna Schmitt und Gabi Dreo Rodosek (2019). *Poster: Training GANs to Generate Adversarial Examples Against Malware Classification*. URL: `https://www.ieee-security.org/TC/SP2019/posters/hotcrp_sp19posters-final34.pdf`.

Chenna, Sankalp (2022). *Application of Generative Adversarial Networks (GANs) for generating synthetic data and in Cybersecurity*. DOI: `10.2139/ssrn.4305711`. URL: `https://papers.ssrn.com/sol3/papers.cfm?abstract_id=4305711`.

Christodorescu, Mihai und Somesh Jha (März 2004). *Static Analysis of Executables to Detect Malicious Patterns*. Bd. 12. URL: `https://research.cs.wisc.edu/wisa/papers/security03/cj03.pdf`.

Das, Sanjeev u. a. (2016). „Semantics-Based Online Malware Detection: Towards Efficient Real-Time Protection Against Malware“. In: *IEEE Transactions on Information Forensics and Security* 11.2, S. 289–302. DOI: `10.1109/TIFS.2015.2491300`.

Gardiner, Joseph, Marco Cova und Shishir Nagaraja (2014). *Command amp; Control: Understanding, Denying and Detecting - A review of malware C2 techniques, detection and defences.* DOI: 10 . 48550 / ARXIV . 1408 . 1136. URL: https://arxiv.org/abs/1408.1136.

Gittins, Zane und Michael Soltys (2020). „Malware Persistence Mechanisms". In: *Procedia Computer Science* 176. Knowledge-Based and Intelligent Information Engineering Systems: Proceedings of the 24th International Conference KES2020, S. 88–97. ISSN: 1877-0509. DOI: https://doi.org/10.1016/j. procs.2020.08.010. URL: https://www.sciencedirect.com/science/ article/pii/S1877050920318342.

Gläser, Jochen und Grit Laudel (2009). *Experteninterviews und qualitative Inhaltsanalyse. als Instrumente rekonstruierender Untersuchungen.* 3. Aufl. VS Verlag für Sozialwissenschaften Wiesbaden.

Goodfellow, Ian, Yoshua Bengio und Aaron Courville (2016). *Deep Learning.* http://www.deeplearningbook.org. MIT Press.

Goodfellow, Ian J., Jean Pouget-Abadie u. a. (2014). *Generative Adversarial Networks.* DOI: 10.48550/ARXIV.1406.2661. URL: https://arxiv.org/abs/ 1406.2661.

Goodfellow, Ian J., Jonathon Shlens und Christian Szegedy (2014). *Explaining and Harnessing Adversarial Examples.* DOI: 10.48550/ARXIV.1412.6572. URL: https://arxiv.org/abs/1412.6572.

Hu, Weiwei und Ying Tan (2017). *Generating Adversarial Malware Examples for Black-Box Attacks Based on GAN.* DOI: 10.48550/ARXIV.1702.05983. URL: https://arxiv.org/abs/1702.05983.

Jang, Sejun, Shuyu Li und Yunsick Sung (2020). „Generative Adversarial Network for Global Image-Based Local Image to Improve Malware Classification Using Convolutional Neural Network". In: *Applied Sciences*.

Kaiser, Robert (2015). *Qualitative Experteninterviews. Konzeptionelle Grundlagen und praktische Durchführung*. Springer VS Wiesbaden.

Kargaard, Joakim u. a. (2018). „Defending IT systems against intelligent malware". In: *2018 IEEE 9th International Conference on Dependable Systems, Services and Technologies (DESSERT)*, S. 411–417.

Katzenbeisser, Stefan, Johannes Kinder und Helmut Veith (2011). „Malware Detection". In: *Encyclopedia of Cryptography and Security*. Hrsg. von Henk C. A. van Tilborg und Sushil Jajodia. Boston, MA: Springer US, S. 752–755. ISBN: 978-1-4419-5906-5. DOI: 10.1007/978-1-4419-5906-5_838. URL: https://doi.org/10.1007/978-1-4419-5906-5_838.

Kawai, Masataka, Kaoru Ota und Mianxing Dong (2019). „Improved MalGAN: Avoiding Malware Detector by Leaning Cleanware Features". In: *2019 International Conference on Artificial Intelligence in Information and Communication (ICAIIC)*, S. 040–045.

Kim, Jin-Young, Seok-Jun Bu und Sung-Bae Cho (2017). „Malware Detection Using Deep Transferred Generative Adversarial Networks". In: *International Conference on Neural Information Processing*.

– (2018). „Zero-day malware detection using transferred generative adversarial networks based on deep autoencoders". In: *Inf. Sci.* 460-461, S. 83–102.

Kim, Jin-Young und Sung-Bae Cho (2018). „Detecting Intrusive Malware with a Hybrid Generative Deep Learning Model". In: *IDEAL*.

Klug, Stefanie J., Meike Ressing und Maria Blettner (2009). „Systematic Literature Reviews and Meta-Analyses". In: *Deutsches Ärzteblatt International.* DOI: 10. 3238/arztebl.2009.0456.

Konstantinou, Evgenios und Stephen D. Wolthusen (2008). *Metamorphic Virus: Analysis and Detection.* URL: https://www.ma.rhul.ac.uk/static/ techrep/2008/RHUL-MA-2008-02.pdf.

Kornmeier, Martin (2021). *Wissenschaftlich schreiben leicht gemacht. Für Bachelor, Master und Dissertation.* 9. Aufl. Haupt.

Landage, Jyoti und Mahesh P. Wankhade (2013). „Malware and Malware Detection Techniques : A Survey". In: *International journal of engineering research and technology* 2.

Li, Heng u.a. (2020). „Adversarial-Example Attacks Toward Android Malware Detection System". In: *IEEE Systems Journal* 14, S. 653–656.

Li, Yuanzhang u.a. (2020). „A feature-vector generative adversarial network for evading PDF malware classifiers". In: *Inf. Sci.* 523, S. 38–48.

Lu, Yan und Jiang Li (2019). „Generative Adversarial Network for Improving Deep Learning Based Malware Classification". In: *2019 Winter Simulation Conference (WSC)*, S. 584–593.

McLaughlin, Niall u.a. (März 2017). „Deep Android Malware Detection". In: S. 301–308. DOI: 10.1145/3029806.3029823.

Mohanta, Abhijit und Anoop Saldanha (2020). „Malware Components and Distribution". In: *Malware Analysis and Detection Engineering: A Comprehensive Approach to Detect and Analyze Modern Malware.* Berkeley, CA: Apress, S. 165–188. ISBN: 978-1-4842-6193-4. DOI: 10.1007/978-1-4842-6193-4_6. URL: https://doi.org/10.1007/978-1-4842-6193-4_6.

Morgan, Steve (2020). *Cybercrime To Cost The World* 10.5TrillionAnnuallyBy2025.
URL: https://cybersecurityventures.com/cybercrime-damage-costs-10-trillion-by-2025/ (besucht am 18.12.2022).

Moti, Zahra u.a. (2021). „Generative adversarial network to detect unseen Internet
of Things malware". In: *Ad Hoc Networks* 122, S. 102591.

Muñoz-González, Luis und Emil Lupu (Jan. 2019). „The Security of Machine
Learning Systems". In: S. 47–79. ISBN: 978-3-319-98841-2. DOI: 10.1007/
978-3-319-98842-9_3.

Nagaraju, Rakesh und Mark Stamp (2021). *Auxiliary-Classifier GAN for Malware
Analysis.* DOI: 10.48550/ARXIV.2107.01620. URL: https://arxiv.org/
abs/2107.01620.

Nataraj, Lakshmanan u.a. (2011). „Malware images: visualization and automatic
classification". In: *Visualization for Computer Security.*

Papernot, Nicolas, Patrick McDaniel und Ian Goodfellow (2016). *Transferability
in Machine Learning: from Phenomena to Black-Box Attacks using Adversarial
Samples.* DOI: 10.48550/ARXIV.1605.07277. URL: https://arxiv.org/
abs/1605.07277.

Papernot, Nicolas, Patrick McDaniel, Somesh Jha u.a. (2015). *The Limitations of
Deep Learning in Adversarial Settings.* DOI: 10.48550/ARXIV.1511.07528.
URL: https://arxiv.org/abs/1511.07528.

Raithel, Jürgen (2008). *Quantitative Forschung. Ein Praxiskurs.* VS Verlag für Sozialwissenschaften Wiesbaden.

Reinders, Heinz u.a. (2015). *Empirische Bildungsforschung. Strukturen und Methoden.* 2. Aufl. VS Verlag für Sozialwissenschaften Wiesbaden.

E. Literaturverzeichnis

Renjith, G u. a. (2021). „GANG-MAM: GAN based enGine for Modifying Android Malware". In: *SoftwareX* 18, S. 100977.

Reznik, Leon (2021). *Intelligent Security Systems. How Artificial Intelligence, Machine Learning and Data Science Work For and Against Computer Security.* John Wiley und Sons, Inc., Hoboken, New Jersey.

Rigaki, Maria und Sebastián García (2018). „Bringing a GAN to a Knife-Fight: Adapting Malware Communication to Avoid Detection". In: *2018 IEEE Security and Privacy Workshops (SPW)*, S. 70–75.

Russel, Stuart und Peter Norvig (2012). *Künstliche Intelligenz. Ein moderner Ansatz.* 3. Aufl. Pearson.

Saeed, Imtithal, Ali Selamat und Ali Abuagoub (Apr. 2013). „A Survey on Malware and Malware Detection Systems". In: *International Journal of Computer Applications* 67, S. 25–31. DOI: 10.5120/11480-7108.

Schnell, Rainer (2019). „Pretests". In: *Survey-Interviews: Methoden standardisierter Befragungen.* Wiesbaden: Springer Fachmedien Wiesbaden. ISBN: 978-3-531-19901-6. DOI: 10.1007/978-3-531-19901-6_6. URL: https://doi.org/10.1007/978-3-531-19901-6_6.

Shahpasand, Maryam u. a. (2019). „Adversarial Attacks on Mobile Malware Detection". In: *2019 IEEE 1st International Workshop on Artificial Intelligence for Mobile (AI4Mobile)*, S. 17–20.

Sikorski, Michael und Andrew Honig (2012). *Practical Malware Analysis. The Hands-On Guide to Dissecting Malicious Software.* No Starch Press, Inc.

Sikos, Leslie F. (2019). *AI in Cybersecurity.* Springer Nature Switzerland AG.

E. Literaturverzeichnis

Silva, I.N. da u. a. (2016). *Artificial Neural Networks: A Practical Course*. Springer International Publishing. ISBN: 9783319431628. URL: https://books. google.de/books?id=DL%5C_mDAAAQBAJ.

Singh, Jagsir und Jaswinder Singh (2021). „A survey on machine learning-based malware detection in executable files". In: *Journal of Systems Architecture* 112, S. 101861. ISSN: 1383-7621. DOI: https://doi.org/10.1016/j.sysarc. 2020.101861. URL: https://www.sciencedirect.com/science/article/ pii/S1383762120301442.

Souppaya, Murugiah und Karen Scarfone (Juli 2013). „NIST Special Publication 800-83 Revision 1, Guide to Malware Incident Prevention and Handling for Desktops and Laptops". In: DOI: 10.6028/NIST.SP.800-83r1.

Souri, Alireza und Rahil Hosseini (Dez. 2018). „A state-of-the-art survey of malware detection approaches using data mining techniques". In: 8, S. 1–22. DOI: 10.1186/s13673-018-0125-x.

Sun, Li u. a. (Juli 2010). „Pattern Recognition Techniques for the Classification of Malware Packers". In: Bd. 6168, S. 370–390. ISBN: 978-3-642-14080-8. DOI: 10.1007/978-3-642-14081-5_23.

Tahir, Rabia (März 2018). „A Study on Malware and Malware Detection Techniques". In: *International Journal of Education and Management Engineering* 8, S. 20–30. DOI: 10.5815/ijeme.2018.02.03.

AV-TEST-GmbH (2022a). *AV-Test Statistiken über Malware*. URL: https://www. av-test.org/de/statistiken/malware/ (besucht am 18.12.2022).

– (2022b). *AV-Test Total Amount Malware*. URL: https://portal.av-atlas. org/malware (besucht am 18.12.2022).

Thomas, Tony, Athira P. Vijayaraghavan und Sabu Emmanuel (2020). *Machine Learning Approaches in Cyber Security Analytics*. Springer Nature Singapore Pte Ltd. DOI: https://doi.org/10.1007/978-981-15-1706-8.

Tramèr, Florian u. a. (2017). *The Space of Transferable Adversarial Examples*. DOI: 10.48550/ARXIV.1704.03453. URL: https://arxiv.org/abs/1704.03453.

Vinod, P u. a. (2009). „Survey on malware detection methods". In: *Proceedings of the 3rd Hackers' Workshop on computer and internet security (IITKHACK'09)*, S. 74–79.

Vint, David u. a. (Feb. 2021). „Automatic Target Recognition for Low Resolution Foliage Penetrating SAR Images Using CNNs and GANs". In: *Remote Sensing* 13, S. 596. DOI: 10.3390/rs13040596.

Wang, Jianhua u. a. (2021). „LSGAN-AT: enhancing malware detector robustness against adversarial examples". In: *Cybersecurity* 4, S. 1–15.

Won, Dong-Ok, Yong-Nam Jang und Seong-Whan Lee (2022). „PlausMal-GAN: Plausible Malware Training Based on Generative Adversarial Networks for Analogous Zero-day Malware Detection". In: *IEEE Transactions on Emerging Topics in Computing*.

Wong, Wing und Mark Stamp (Nov. 2006). „Hunting for metamorphic engines". In: *Journal in Computer Virology* 2, S. 211–229. DOI: 10.1007/s11416-006-0028-7.

Yang, Zhao, Fengyang Deng und Linxi Han (2022). *Flexible Android Malware Detection Model based on Generative Adversarial Networks with Code Tensor*. DOI: 10.48550/ARXIV.2210.14225. URL: https://arxiv.org/abs/2210.14225.

Yin, Zhizhou, Wei Liu und Sanjay Chawla (2019). „Adversarial Attack, Defense, and Applications with Deep Learning Frameworks". In: *Deep Learning Applications for Cyber Security*. Hrsg. von Mamoun Alazab und MingJian Tang. Cham: Springer International Publishing, S. 1–25. ISBN: 978-3-030-13057-2. DOI: 10.1007/978-3-030-13057-2_1. URL: https://doi.org/10.1007/978-3-030-13057-2_1.

You, Ilsun und Kangbin Yim (2010). „Malware Obfuscation Techniques: A Brief Survey". In: *2010 International Conference on Broadband, Wireless Computing, Communication and Applications*, S. 297–300. DOI: 10.1109/BWCCA.2010.85.

Yuan, Junkun u. a. (2020). „Black-Box Adversarial Attacks Against Deep Learning Based Malware Binaries Detection with GAN". In: *European Conference on Artificial Intelligence*.

Yuan, Xiaoyong u. a. (2017). *Adversarial Examples: Attacks and Defenses for Deep Learning*. DOI: 10.48550/ARXIV.1712.07107. URL: https://arxiv.org/abs/1712.07107.

Zhang, Yunchun u. a. (2021). „Enhanced DNNs for malware classification with GAN-based adversarial training". In: *Journal of Computer Virology and Hacking Techniques* 17, S. 153–163.

Zhong, Fangtian u. a. (2020). *MalFox: Camouflaged Adversarial Malware Example Generation Based on Conv-GANs Against Black-Box Detectors*. DOI: 10.48550/ARXIV.2011.01509. URL: https://arxiv.org/abs/2011.01509.

BEI GRIN MACHT SICH IHR WISSEN BEZAHLT

- Wir veröffentlichen Ihre Hausarbeit,
  Bachelor- und Masterarbeit

- Ihr eigenes eBook und Buch -
  weltweit in allen wichtigen Shops

- Verdienen Sie an jedem Verkauf

Jetzt bei www.GRIN.com hochladen
und kostenlos publizieren